# LISTE ALPHABÉTIQUE

## DES

# PENSIONNÉS DE L'HÉRAULT

COMME

VICTIMES DU COUP D'ÉTAT DU 2 DÉCEMBRE 1851

PRÉCÉDÉE

d'une Introduction, du Texte de la Loi,

d'un Décret et de Circulaires

se rapportant à l'exécution de cette Loi

**HERAULT : 2,067** Titres de Pension

**1,056,050** Francs de Rente

PRIX DE L'OUVRAGE : 1 FRANC

## BÉZIERS

IMPRIMERIE J.-B. PERDRAUT

17, Avenue Saint-Pierre, 17

—

MDCCCLXXXIII

AU BÉNÉFICE

DU SOU DES ÉCOLES LAIQUES

de Montblanc

# LISTE ALPHABÉTIQUE

### DES

# PENSIONNÉS DE L'HÉRAULT

#### COMME

## VICTIMES DU COUP D'ÉTAT DU 2 DÉCEMBRE 1851'

#### PRÉCÉDÉE

d'une Introduction, du Texte de la Loi,

d'un Décret et de Circulaires

se rapportant à l'exécution de cette Loi

———◦◦◇◦◦———

**HÉRAULT : 2,067 Titres de Pension**

**1,056,050 Francs de Rente**

———◦◦◇◦◦———

### BÉZIERS

IMPRIMERIE J.-B. PERDRAUT

17, Avenue Saint-Pierre, 17

—

MDCCCLXXXIII

# INTRODUCTION

Le nombre des pensionnés s'élevant à un chiffre assez considérable, nous n'avons pas hésité à publier un travail qui permettra à tout lecteur de retrouver, avec plus de facilité que sur le *Bulletin des Lois*, les noms de ses amis d'infortune.

Nous avons, tout d'abord, groupé les Victimes par villes et villages, et par lettre alphabétique; ensuite nous donnons, avant chaque localité, le total des pensions et celui des victimes.

Les crédi-rentiers domiciliés, soit dans les autres départements, soit en Algérie, soit à l'Etranger, ont été, à leur tour, l'objet d'un classement semblable.

Nous sommes heureux de dédier, à tous ceux qui ont été frappés de près ou de loin par le coup d'Etat, cet ouvrage destiné à faciliter leurs recherches.

Souhaitons aussi que ce petit livre aille dans chaque famille renouveler des souvenirs à la fois pénibles et agréables; pénibles, parce qu'il rappellera le crime de Décembre; agréables, en ce qu'il remettra en mémoire cette époque de luttes et de sacrifices où les cœurs vraiment républicains, animés de la même flamme patriotique, avaient la double consécration du malheur et du devoir accompli.

Montblanc, le 15 mars 1883.

JEAN ROLLAND,

Maire de Montblanc, Officier d'Académie
Membre de la Commission
des Transportés politiques de l'Hérault.

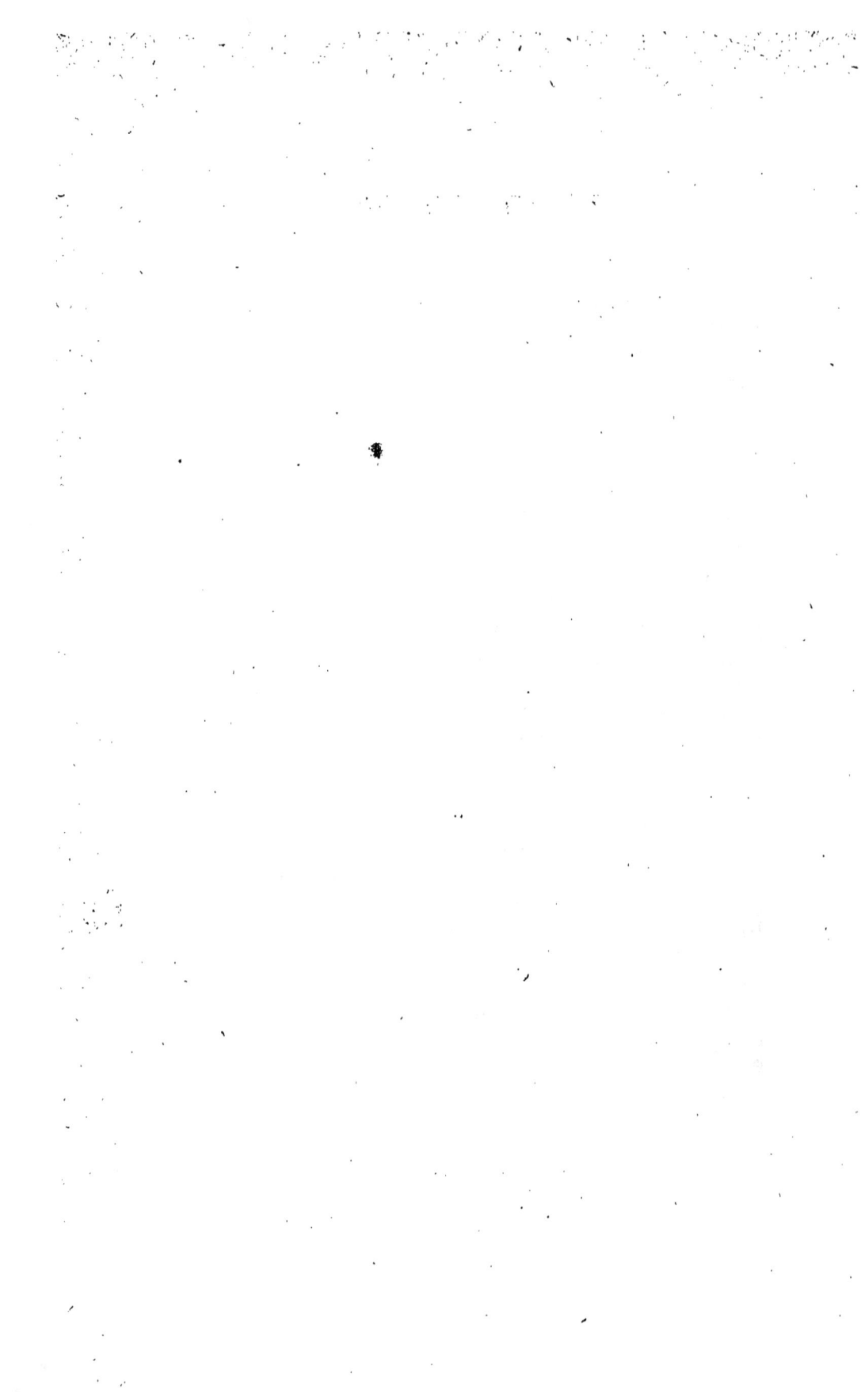

# LOI

RELATIVE

aux Indemnités à accorder aux Victimes du coup d'Etat

du 2 Décembre 1851

et de la Loi de Sûreté Générale du 27 Février 1858

---

Le Sénat et la Chambre des Députés ont adopté,

Le Président de la République promulgue la Loi dont la teneur suit :

ARTICLE PREMIER. — Des rentes incessibles et insaisissables, d'un chiffre total de 6 millions de francs, sont allouées, à titre de réparation nationale, aux citoyens français victimes du coup d'Etat du 2 Décembre 1851 et de la Loi de Sûreté générale du 27 février 1858.

ART. 2. — Des pensions pourront être accordées aux veuves non mariées, ascendants et descendants au premier degré, des intéressés prédécédés, mais en aucun cas le total des pensions allouées aux membres de la même famille ne pourra dépasser le chiffre de la pension qu'aurait obtenue celui duquel ils tiennent leur droit s'il vivait encore.

ART. 3. — Ces pensions viagères pourront varier du chiffre maximum de 1,200 francs au chiffre minimum de 100 francs.

. . . . . . . . . . . .

ART. 10. — Il sera créé, par décret du Président de la République, une Commission générale (*) qui siègera à Paris et sera composée de :

Le Ministre de l'Intérieur, *Président* ;

Le Sous-Secrétaire d'Etat au Ministère de l'Intérieur ;

Quatre Sénateurs ;

Quatre Députés ;

Deux Conseillers d'Etat ;

Un Membre de la Cour des Comptes ;

Le Directeur des Affaires communales et dé-partementales au Ministère de l'Intérieur ;

Le Directeur de la Sûreté ;

Le Directeur des Affaires criminelles et des grâces au Ministère de la Justice ;

Le Directeur général de la Comptabilité au Ministère des Finances.

. . . . . . . . . . . . . .

ART. 13. — Au décès des créditeurs, moitié de la pension viagère qui leur aura été attribuée sera reversible sur leurs veuves non remariées ou sur leurs descendants au premier degré.

ART. 14. — Les arrérages des rentes viagères constituées en vertu de la présente loi commenceront à courir en faveur des intéressés à partir du 1er juillet 1881.

La présente Loi, délibérée et adoptée par le Sénat et la Chambre des Députés sera exécutée comme loi de l'Etat.

Fait à Paris, le 30 juillet 1881.

Signé : JULES GRÉVY.

Par le Président de la République :

Le Ministre de l'Intérieur, et des Cultes,

Signé : CONSTANS.

Le Ministre des Finances,

Signé : MAGNIN.

(*) Par Décret du Président de la République en date du 14 Février 1882, la Commission générale dont il est question plus haut fut composée comme suit :

MM. René Goblet, ministre de l'intérieur, Président ;

Develle, sous-secrétaire d'Etat au ministère de l'intérieur ;

MM. **Victor Hugo**, sénateur ;
**Schœlcher**, sénateur ;
**Pin Elzéar**, sénateur ;
**Massé**, sénateur ;
**Madier de Montjau**, député ;
**Martin Nadaud**, député ;
**Greppo**, député ;
**Dethou**, député ;
**Chauffour**, conseiller d'Etat ;
**Berger**, conseiller d'Etat ;
**Georges**, conseiller à la Cour des Comptes ;
**Le Guay**, directeur des Affaires communales et départementales au ministère de l'intérieur ;
**Cazelles**, directeur de la sûreté ;
**Vételay**, directeur des Affaires criminelles et des grâces au ministère de la justice ;
**De Roussy**, directeur général de la comptabilite publique au ministère des finances.

# DÉCRET

### QUI AUTORISE

*l'Inscription au Trésor public de 2,067 Titres de Rente ou Pensions Viagères allouées, en exécution des Lois des 30 Juillet 1881 et 7 Août 1882, par décisions de la Commission du Département de l'Hérault, et révisées par la Commission générale séant à Paris.*

### Du 30 Octobre 1882

Le Président de la République française,

Vu la loi du 30 juillet 1881, relative aux indemnités à accorder aux victimes du coup d'Etat du 2 Décembre 1851 et de la loi de sûreté générale du 28 février 1858 ;

-Vu la loi du 20 décembre 1881, prorogeant les délais accordés par la loi précitée aux intéressés pour formuler leurs demandes ;

Vu la loi du 7 août 1882 ;

Vu le décret du 14 février 1882, créant à Paris la Commission générale instituée par l'article 10 de la loi du 30 juillet 1881 ;

Vu les décisions rendues par la Commission générale statuant en dernier ressort ;

Sur le rapport du Ministre de l'intérieur ;

DÉCRÈTE :

ARTICLE PREMIER. — Des rentes ou pensions viagères pour une somme de un million cinquante-six mille cinquante francs (1,056,050 fr.) sont allouées aux personnes dénommées au Tableau ci-après, conformément aux décisions prises pour chacune d'elles par la Commission du Département de l'Hérault et révisées par la Commission générale siégeant à Paris.

ART. 2. — Ces rentes ou pensions seront inscrites au Grand-Livre, avec jouissance à partir du 1ᵉʳ juillet 1881.

ART. 3. — Les Ministres de l'intérieur et des finances sont chargés, chacun en ce qui le concerne, de l'exécution du présent décret.

Fait à Paris le 16 octobre 1882.

*Signé :* JULES GRÉVY.

Le Ministre des Finances,

*Signé :* P. TIRARD.

Le Ministre de l'Intérieur et des Cultes,

*Signé :* A. FALLIÈRES

(Extrait du *Bulletin des Lois de la République française.* Partie supplémentaire, n° 1403.)

# VICTIMES DU COUP D'ÉTAT

*Le Préfet de l'Hérault, Chevalier de la Légion d'honneur, à MM. les Maires du Département.*

MESSIEURS,

Des questions m'ont été adressées par quelques-uns d'entre vous sur l'application de l'article 13 de la Loi du 30 juillet 1881, relative aux indemnités à accorder aux Victimes du coup d'Etat de Décembre, article qui dispose qu'au décès des crédi-rentiers, moitié de la pension viagère qui leur aura été allouée sera reversible sur leurs veuves non remariées ou leurs descendants au premier degré.

Il résulte de cet article de la loi, rapproché de l'article 2, que les rentes allouées aux victimes sont seules reversibles, et qu'aucune demande de réversion introduite par les héritiers d'un indemnitaire pensionné en vertu de l'article 2 ne peut être accueillie.

Reste à savoir au bénéfice de qui la réversion peut s'opérer, au cas où la veuve et les descendants au premier degré du défunt interviendraient simultanément pour obtenir le bénéfice de l'article 13.

Sur ce point encore, cet article est formel. Le droit à la réversion s'ouvre pour la veuve d'abord, ou à son défaut, c'est-à-dire si elle est décédée avant le titulaire de la pension, mais dans ce cas seulement, au profit des descendants au premier degré des crédi-rentiers.

En ce qui concerne la réversion, les personnes qui y prétendront devront m'adresser, soit par la voie administrative, soit directement, les pièces suivantes :

Si la pétitionnaire est une veuve de victime :

1° Une demande de réversion indiquant exactement le nom patronymique, les prénoms, la profession et la résidence de la pétitionnaire ;

2° L'acte de décès de son mari;

3° Son acte de mariage ;

4° L'acte de naissance de la pétitionnaire ;

5° L'extrait de son casier judiciaire ;

6° Un certificat émanant de la Trésorerie générale et constatant que les arrérages de la pension ont été touchés jusqu'au jour du décès du titulaire.

Si le ou les pétitionnaires sont enfants de victimes :

1° L'acte de décès du père ;

2° L'acte de décès de la mère ;

3° L'acte de naissance de chacun des enfants ;

5° L'extrait du casier judiciaire également de chacun ;

6° L'acte de mariage des pétitionnaires mariés ;

7° Un certificat analogue à celui exigé de la veuve. et constatant le paiement des arrérages.

Vous savez déjà que ces arrérages sont payés sur la production du titre et d'un certificat de propriété délivré par un juge de paix ou un notaire.

Agréez, Messieurs, l'assurance de ma considération la plus distinguée.

*Le Préfet de l'Hérault*,

GALTIÉ.

# LA COMMISSION DE L'HÉRAULT

En vertu de l'article 5 de la loi du 30 juillet 1881, les Victimes de l'Hérault furent convoquées à Montpellier, afin de nommer les trois délégués qui devaient se joindre aux Membres déjà désignés par M. le Préfet et pris au sein du Conseil Général.

C'étaient MM. Lisbonne, ancien député, président du Conseil Général; Argon, maire de Pézenas, et Ronzier-Joly, maire de Clermont-l'Hérault.

Les Victimes désignèrent, au scrutin de liste : MM. Rolland, maire de Montblanc ; de Lapeyrouse, maire de Lézignan, conseiller général de l'Aude, et Christol, ancien sous-préfet de Lodève.

Ce jour-là, la ville de Montpellier fit à toutes les Victimes qui s'étaient rendues pour voter une brillante et admirable réception. Là se retrouvèrent des amis que les vicissitudes de la vie avaient longtemps séparés, et, c'est ici le cas de le dire, le souvenir des temps passés inspira aux orateurs improvisés des accents pleins de fraternité et de patriotisme.

Une imposante manifestation eut lieu dans l'après-midi au Peyrou. Les musiques de Montpellier et même celles de Nimes prêtèrent leur gracieux et précieux concours à cette fête purement patriotique.

Nous saisissons avec empressement l'occasion qui nous est donnée aujourd'hui de remercier, au nom de nos amis d'infortune, la municipalité de Montpellier, ainsi que la population franchement républicaine de cette ville, du bienveillant et fraternel accueil qui nous fut ménagé.

J. R.

# LISTE ALPHABETIQUE

DES

# PENSIONNÉS DE L'HÉRAULT

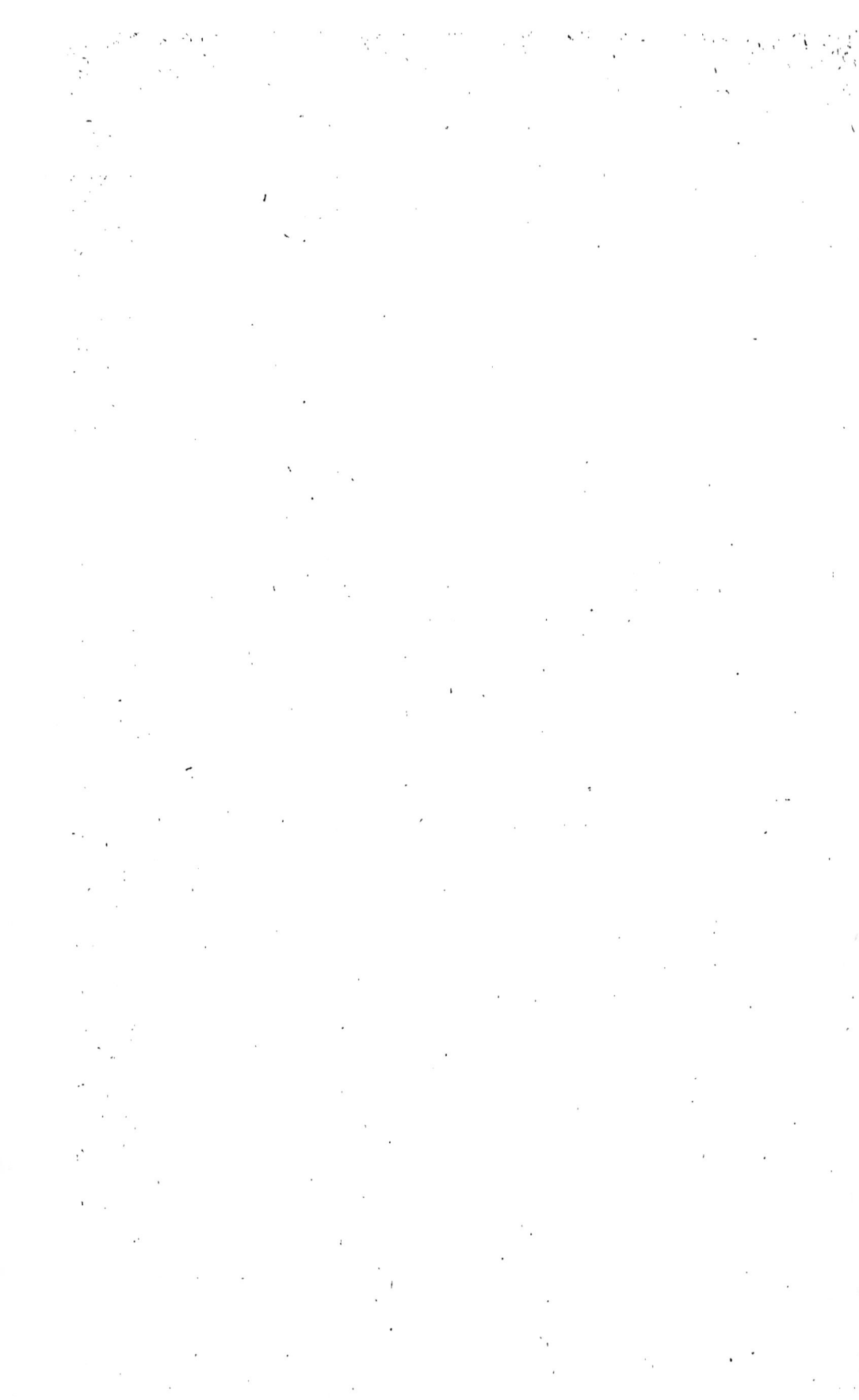

# LISTE ALPHABÉTIQUE

## DES PENSIONNÉS DE L'HÉRAULT

*(Bulletin des Lois*, n° 1403. — 11 Novembre 1882)

### ABEILHAN

*19 Victimes — 8,600 francs*

|  |  |  |
|---|---|---|
| 72. | Belot Baptiste, 55 ans, cultivateur, | 900 |
| 1639. | Borios Jean, 54 ans, cultivateur, | 100 |
| 100. | Borios Joseph, 74 ans, domestiq., | 800 |
| 104. | Bousquet Hercule, 64 ans, cultiv., | 900 |
| 1366. | Boussagol Etienne, 54 ans, maçon, | 200 |
| 1515. | Cabanel Gabriel, 50 ans, propriét., | 100 |
| 247. | Donnadieu Charles, 57 ans, cultiv., | 800 |
| 924. | Fouquet Marie, veuve Laurès, | 600 |
| 1741. | Lagarde François, 73 ans, propriét., | 100 |
| 1742. | Lagarde Martin, 60 ans, jardinier, | 100 |
| 369. | Lagarde Pierre, 65 ans, | 800 |
| 383. | Laussel Louis, 63 ans, boulanger, | 800 |
| 1942. | Levère Marie, Vᵛᵉ Levère, 72 ans, | 100 |
| 1786. | Pradal Pierre, 80 ans, cultivateur, | 100 |
| 1773. | Paderq Auguste, 51 ans, cultivat. | 100 |
| 1249. | Pradines Charles-Victor, 43 ans, | 250 |
| 1250. | Pradines Gonzague, 37 ans, | 250 |
| 517. | Pradines Victor, 66 ans, cultivat., | 800 |
| 575. | Sabatier Marc, 69 ans, cultivateur, | 800 |

## ADISSAN

*5 Victimes — 700 francs*

1173. Genieys Marguerite, 65 ans,     125
1174. Genieys Simon-Honoré, 58 ans,     125
1175. Genieys Anne-Célestin, 55 ans,     125
1176. Genieys Prosper, 52 ans, propriét., 125
1715. Genieys Honoré, 57 ans, agricult., 200

## AGDE

*5 Victimes — 2,000 francs*

1624. Baudassé Paul, 53 ans, cultivateur, 100
1402. Durand Emilien, 58 ans, tonnelier, 400
 913. Giraud Madeleine, V$^{ve}$ Pierre, 51 ans, 600
 329. Gout Gabriel, 70 ans, cultivateur,  800
1732. Iché Pierre, 52 ans, cordonnier,   100

## AGEL

*3 Victimes — 2,100 francs*

 232. Decor Joseph, 63 ans, cultivateur, 900
1453. Muel Pierre, 67 ans, propriétaire,  400
 751. Saugière Joséphine, V$^{ve}$ Sipière,  800

## AIGUES-VIVES

*2 Victimes — 400 francs*

1451. Mouly Jean-Louis, 36 ans, cultivat., 200
      Mouly Séverine, ép. Guillaume,  200

## ALIGNAN-DU-VENT

*15 Victimes — 7,200 francs*

1491. Andrieux Alexandrine, ép. Luquis, 500
1507. Bories Hippolyte, 65 ans, propriét., 200
 200. Combès Etienne, 57 ans, cultivat., 900
 280. Fay Lucien-Jean, 64 ans, maçon, 900
1925. Galzy Bancorde, 56 ans, cultivat., 100
1324. Gasc Casimir, 66 ans, épicier, 100
1722. Granier Pascal, 54 ans, propriét., 200
1726. Guerre Jacques, 54 ans, cultivat., 100
1745. Lenthéric Lucien, 50 ans, cultivat., 100
 406. Luquis Léon, 55 ans, propriétaire, 900
 450. Minjac Jean, 57 ans, propriétaire, 800
 946. Niquin Marie, V$^{ve}$ Scié, 55 ans, 600
 478. Oullié Dominique, 59 ans, maçon, 800
 554. Roques Pierre, 61 ans, menuisier, 800
1539. Roumagnac Marie, V$^{ve}$ Gasc, 50 ans, 200

## ANIANE

*1 Victime — 100 francs*

1635. Blaquière François, 50 ans, serrurier, 100

## ASPIRAN

*2 Victimes — 400 francs*

1553. Bernard Madeleine, v$^{ve}$ Huës, 78 ans, 200
1572. Pallot Jean, 80 ans, boucher, 200

## AUTIGNAC

*5 Victimes — 1,300 francs*

1378. Carayon Ernest-Marius, 12 ans,     150
1377. Carayon Placide-Marius, 20 ans,    150
2045. Cavaillé Antoine, 59 ans, cultivat., 100
1420. Granier Adrien, 46 ans, cultivat.,  200
 798. Théron Rose, V^re Carquet, 50 ans, 700

## AVÈNE

*1 Victime — 100 francs*

1985. Tronc Cyprien, 51 ans, garçon
    meunier,                          100

## AZILLANET

*1 Victime — 500 francs*

1089. Calas André, 30 ans, maçon,        500

## BASSAN

*6 Victimes — 4,100 francs*

  62. Barthez Jean, 69 ans, propriét.,   900
1182. Giniès François, 46 ans, cultivat., 600
 393. Levère Guillaume, 57 ans, cultivat., 900
 394. Levère Louis, 74 ans, cultivateur, 800
1746. Levère Urbain, 50 ans, propriét.,  100
 398. Lignon François, 60 ans, cultivat., 800

## BEAUFORT

*1 Victime — 100 francs*

2052. Boutet Jean, 50 ans, cultivateur,  100

## BÉDARIEUX

*143 Victimes — 77,266 francs*

3. Affre Frédéric, 50 ans, forgeron, 1000
5. Agar Jean-Pierre, 71 ans, agric., 900
8. Alary Antoine, 74 ans, fileur, 1000
1025. Alengri Marie, femme Metché,
     43 ans, papetière, 1000
1435. André Philippine, femme Alary, 200
1877. Assié Magd$^{ne}$, V$^{ve}$ Barthès, 69 ans, 100
26. Astruc Jean, 63 ans, tisserand, 900
35. Aumelas Augustin, 58 ans, fileur, 1000
1492. Azaïs Jean, 59 ans, tisserand, 800
1611. Bacou Jean, 58 ans, tisserand, 100
1314. Baïsse Antoine, dit *Lafayette*,
     57 ans, cultivateur. 400
52. Barral Auguste, 60 ans, tisserand, 1000
1876. Barral Pierre, 60 ans, tisserand, 200
1622. Barthès Barth$^{my}$, 60 ans, tailleur, 200
63. Barthez, Jean, 73 ans, tisserand, 800
60. Barthès Jean-Bapt., dit *le Maigre*,
     52 ans, garçon boucher, 1200
1355. Barthès, Joseph, 76 ans, boucher, 300
1388. Bastide Mar$^{nne}$, V$^{ve}$ Chabert, 72 ans, 100
1499. Belugou Auguste, 68 ans, régiss$^r$, 200
1500. Benoit Pierre, 30 ans, cultivateur, 400
1055. Berbigé Adolphe, 38 ans, fileur, 600
86. Blanc Jean, 63, ans, menuisier, 1200
1502. Boissière Claudine, V$^{ve}$ Boyer,
     65 ans, marchande, 300
90. Bompaire Isaac, 54 ans, surveil-
     lant au chemin de fer, 1100
1505. Bonnet Etienne, 74 ans, ex-cafet., 200
1506. Bonny Jean, 71 ans, pareur de
     draps, 200

128. Boubals Joseph, 57 ans, fileur, 1100
1070. Bouffart Léon, 35 ans, terrassier, 600
1071. Bouffart Marie-Adeline, 22 ans, 600
135. Bourdel Jacques, 68 ans, tisserand, 1000
702. Bourel André, 60 ans, corroyeur, 900
1649. Boyer Hilaire, 49 ans, tisserand, 200
111. Boyer Laurent, dit *le Requin*,
    62 ans, tisserand, 900
117. Bru Antoine, 56 ans, tisserand, 900
964. Brunel Marie, V$^{ve}$ Trinquier, 76 ans, 600
1988. Cabassut, Marie, V$^{ve}$ Vidal, 57 ans, 200
121. Cabrol Auguste, 65 ans, mineur, 900
2037. Cabrol Etienne, 44 ans, 200
2038. Cabrol Paul, dit *Paulin*, 40 ans, 100
706. Calas Honoré-Eugène, 44 ans, 500
147. Calmette Louis, 59 ans, cultiv. 900
148. Calmette Michel, 55 ans, boucher, 1000
1447. Castanié Claire, V$^{ve}$ Montels, 75 ans, 300
172. Castel Jean, 63 ans, tisserand, 800
175. Caumette Antoine, 54 ans, teint$^{er}$, 900
181. Cavaillé Jules-Elie, 72 ans, 1000
1385. Cayrol Pierre, 60 ans, tisserand, 200
183. Cazals, Alexandre, 50 ans, teint$^{er}$, 900
1524. Cazals François, 85 ans, tisserand, 200
1100. Cazals Pierre, 34 ans, tanneur, 600
182. Cayla Pierre, 64 ans, jardinier, 800
1110. Chabbert Marie-Anaïs, 47 ans, 150
193. Chavernac Laurent, 53 ans, cult$^r$, 800
1120. Chavernac Philomène, femme Ga-
    labru, 150
1118. Chavernac Pierre, 60 ans, 150
1121. Chavernac Xavier-Félix, 53 ans, 150
1527. Combès Baptiste, 62 ans, tanneur, 200
199. Combes Emile, 61 ans, tailleur, 900
202. Combes François, 52 ans, tisser$^d$, 900
1392. Coste François, 56 ans, tisserand, 200

205. Combes Pierre, 70 ans, fileur, 900
204. Combes Pierre, dit *Tomate*, 54 ans,
   cultivateur, 800
1981. Cot Anne, V$^{ve}$ Sals, 65 ans, 100
 228. Cuxas Jean, 56 ans, fileur, 900
1395. Daujard Pierre, 66 ans, fileur, 200
1685. David Pierre, 56 ans, tanneur, 200
 231 Decor Eugène, 54 ans, tanneur, 900
 242. Devic Louis, 56 ans, jardinier, 900
1148. Escalle Eugénie, f$^{me}$ Allien, 24 ans, 300
1149. Escalle Marie, f$^{me}$ Rouquet, 20 ans, 300
 263. Escande Pierre, 58 ans, fileur, 900
 835. Esparcel Anne, 43 ans, modiste, 400
1534. Estimbre Romain, 80 ans, journ$^{er}$, 400
1405. Fabre Joseph, 62 ans, teinturier, 200
 999. Fargue Alexandre, femme Puize-
   rolle, 48 ans, 333
 998. Fargues Julie, femme Mas, 53 ans, 333
1408. Farrand Pierre, 52 ans, fileur, 300
1755. Faugères Pauline, veuve Maurel,
   71 ans, 200
1410. Ferrand Thomas, 72 ans, ourdiss$^{r}$, 200
 288. Fontaine Philippe, 50 ans, fileur, 1200
 298. Frié Pierre, 69 ans, propriétaire, 900
 299. Frié Thomas, dit *Caramaou*,
   63 ans, propriétaire, 1000
1537. Galzy Jacques, 56 ans, tisserand, 300
1540. Gasseinq Jacques, 73 ans, ex-tis-
   serand, 300
1421. Granier Anne, f$^{me}$ Rouanet, 43 ans, 200
1007. Granier Clara, f$^{me}$ Griffe, 44 ans, 600
1418. Granier Marie, V$^{ve}$ Rouanet, 48 ans, 200
1008. Granier Martine, femme Roussil-
   lon, 30 ans, 600
1198. Joui Antoine-Joseph, 66 ans, 117
1200. Joui Apolonie, 60 ans, 117

1202. Joui Jacques, 52 ans,                        116
1201. Joui Jacques, 55 ans, fileur,                116
1199. Joui Jeanne, 64 ans,                         117
1197. Joui Rose, 63 ans, journalière,              117
1425. Jourdan Auguste, 58 ans, tissera,            300
1426. Julien Prosper, 54 ans, tisserand,           200
371. Lajeuille Vincent, 67 ans, tanneur,           900
2031. Lajule Jean, 62 ans, tanneur,                200
385. Lautier Fulcrand, 60 ans, fileur,             900
389. Lauze Paul, 76 ans, tisserand,                200
1429. Lauze Pierre, dit *Martin*, 60 ans,
    tisserand,                                  800
400. Lignon Pierre, 59 ans, tisserand,             200
762. Lignon Rose, V$^{ve}$ Astruc, 40 ans,         900
409. Magnes Jacques, 61 ans, fileur,               900
412. Malaterre Fulcrand, 56 ans, tiss$^d$, 1100
1751. Malaterre Joséphine, femme Frié,
    59 ans,                                     200
745. Mallet Henri, V$^{ve}$ Reynaud, 81 ans,       900
426 Marty Jean, 59 ans, tisserand,                 900
430. Mas Hippolyte, 61 ans, serrurier,   1200
440. Mercadier Jean, 62 ans, maçon,                900
444. Michel Fulcrand, 68 ans, fileur,             1000
1225. Miquel Louis, 42 ans, plàtrier,              150
1228. Miquel Marie-Joséphine, 34 ans,              150
471. Nogaret Firmin, 57 ans, maçon,               1000
1570. Pagès Jean, 76 ans, ouv$^r$ fileur,          200
1571. Pagès Marguerite, femme Rolland,
    61 ans, journalière,                        300
1248. Pons Yves, 50 ans, jardinier,                600
1792. Raynal Baptiste, 50 ans, tisserand,          100
1568. Renaud Victorine, femme Merca-
    dier, 53 ans,                               300
532. Reveille Jean, 54 ans, fileur,                900
541. Rieux Jean, 63 ans, épicier,                  900
1460. Rieux Joseph, 68 ans, ouv. fileur,           200

1896. Rols Cécile, Vᵛᵉ Castel, 60 ans,   100
 558. Roques Ferdihand, 53 ans, graissʳ, 900
1339. Roube Emile, 24 ans, plâtrier,   200
1337. Roube Jean, 38 ans, tanneur,   200
1338. Roube Marie-Thérèse, 31 ans,   200
1812. Rouch Pierre, 68 ans, tisserand,   200
1569. Rousset Mathieu, 71 ans,   900
 578. Salasc Alexandre, 68 ans, cultivʳ, 900
 579. Salasc Auguste, 71 ans, tondeur,   900
 881. Seguret Marie, Vᵛᵉ Lauras, 78 ans, 600
 587. Sentenac Etienne, 73 ans, tailleur, 800
1833. Soulairol Jean, 66 ans, affineur,   100
1835. Souques Jules, 56 ans, ouv. tisserᵈ, 100
1592. Taillades Alexandre, 56 ans, fileur, 300
 692. Tarbouriech Marguerite, veuve
    Auger, 77 ans,   1000
1379. Tarcanade Pierre, 74 ans, ouvrier
    fileur,   200
 621. Teisseire Paul, dit *Mouissal*,
    54 ans, homme de peine,   900
 622. Teyssère Jean, 54 ans, épicier,   900
 909. Vidal Marie, Vᵛᵉ Ollier, 82 ans,   600
 650. Vidal Pierre, 71 ans, teinturier,   900
1860. Villemagne Etienne, 75 ans, ex-
    fileur,   200

## BERLOU

*1 Victime — 200 francs*

1574. Planès Liévain, 56 ans, cultivalʳ, 200

## BESSAN

*32 Victimes — 15,450 francs*

934. André Marie, veuve Roquefeuille,
    67 ans, journalière, 600
  31. Aubin Hippolyte, 59 ans, prop$^{re}$, 800
1056. Blanc Delphine, 59 ans, 200
1057. Blanc Eugénie, 41 ans, 200
 140. Bousquet Auguste, 59 ans, épicier, 800
1512. Bras François, 62 ans, domest$^{que}$, 300
1081. Bras Marie, 34 ans, 300
1082. Bras Mélanie, 23 ans, 300
 160. Canet Etienne, dit *Patagon*, 58 ans,
    cafetier, 900
 830. Castan Suzanne, V$^{ve}$ Dupont, 63 ans, 600
1400. Cros Marie, V$^{ve}$ Delmas, 61 ans, 600
 224. Cros Martial, 63 ans, cultivateur, 800
 808. Delmas Françoise, V$^{ve}$ Cauvet, 600
1152. Estournet Félix, 54 ans, 166
 267. Estournet Jean-Antoine, 51 ans,
    limonadier, 800
 206. Estournet Jean-Baptiste, cultivat$^{r}$, 900
1150. Estournet Jean-Pascal, 57 ans, 167
1151. Estournet Marie, femme Tournès,
    42 ans. 167
 335. Grégoire Pierre, 60 ans, cultivat., 800
2010. Laux Marie-Anne, V$^{ve}$ Daurel, 81 ans, 600
 726. Marcou Charles, 64 ans, cultivat., 800
 729. Martin Jacques, 65 ans, porteur de
    dépêches, 800
1333. Pioch Clémence, femme Marcou,
    59 ans, journalière, 100
 856. Prades Bélanie, V$^{ve}$ Giraud, 59 ans, 500
 738. Pratviel Jean, 34 ans, cultivateur, 300
 739. Pratviel Joséphine, 28 ans, coutur$^{re}$, 300

1753. Pratviel Joséphine-Henriette, V<sup>ve</sup>
      Marcou, 28 ans, couturière,    100
1464. Roques Pierre, 50 ans,    .      200
1465. Roques Telchide-Elisabeth, 43 ans, 200
613. Tarbouriech Benoît, dit *François*,
      65 ans, cultivateur,    800
902. Vacassy Anne, V<sup>ve</sup> Maxence, 66
      ans, journalière,    600
640. Vassas Charlotte, ép. Méric, 27 ans, 150

## BÉZIERS

*170 Victimes — 103,949 francs*

1823. Alliès Célina, ép. Salvan, 50 ans,    100
19. Anglade Alexis, 56 ans, journalier, 1000
20. Anglade Jacques, 62 ans, coiffeur, 800
942. Arbieu Gabrielle-Etiennette, V<sup>ve</sup>
      Sallèles, 64 ans, couturière,    800
21. Arbieu Pierre-François, dit *Pis-*
      *toulet*, 67 ans, cultivateur,    1000
1941. Audier Rose, V<sup>ve</sup> Levère, 55 ans,    300
1403. Audoux Marie, V<sup>ve</sup> Duval, 75 ans,    400
56. Barthe Joseph, dit *Barthas*, 79
      ans, tanneur,    1100
778. Beaumadier Marie, ép. Affre, 39 ans, 100
1360. Bernard Marie, ép. Lauriol, 47 ans, 300
1053. Bessière Marie, V<sup>ve</sup> Sautel, 78 ans, 600
88. Blancou Adrien, 59 ans, boulang., 900
1501. Blanquier Rose, V<sup>ve</sup> Boulerand,
      60 ans, giletière,    300
99. Bor Raymond, 67 ans, scieur de lg., 1200
694. Bory Marie, V<sup>ve</sup> Azaïs, 66 ans,    1000
1887. Boulcier Jean, 73 ans, ex-limonad., 800
1509. Boulerand André, 63 ans, employé, 300
1643. Bourdel Louis, 74 ans, cultivateur, 100

137. Bourrel Xavier, 56 ans, fournier, 800
1890. Bousquet Pierre, 58 ans, 100
1075. Boyer Catherine-Félicité, 500
1076. Boyer Delphine, V<sup>ve</sup> Séguier, 38 ans, 300
 123. Cadelard André, 47 ans, cultivat., 1200
 126. Cadelard André-Henry, 47 ans,
      fils de l'exécuté, 400
 124. Cadelard Elisabeth-Antoinette, 57
      ans, fille de l'exécuté, 400
 125. Cadelard Jean-Antoine, 54 ans,
      fils de l'exécuté, 400
 938. Caille Elisabeth, V<sup>ve</sup> Rou, 62 ans, 600
1974. Calmel Marie, V<sup>ve</sup> Roumégas, 57 ans, 400
1520. Calvel Jean, 54 ans, cultivateur, 200
1376. Cambon Louis, 65 ans, maréchal, 300
 158. Campagnac Esprit, 61 ans, 1000
 163. Capou Jean, 49 ans, cultivateur, 1200
1092. Carbonnel Emilien, 47 ans, menuis., 300
1091. Carbonnel Pierre, 55 ans, menuis., 300
1588. Carrière Claire, V<sup>ve</sup> Sabes, 52 ans, 200
 166. Carrière Jean, dit *Babeau*, 59 ans,
      cultivateur, 800
 818. Carrière Madeleine, V<sup>ve</sup> Corail,
      domestique, 500
 779. Castel Marie, V<sup>ve</sup> Bedel, 68 ans, 600
1523. Cazals Claire, ép. Joffre, 51 ans, 300
1387. Cazals Simon, 65 ans, cultivateur, 200
 727. Cérès Marie, V<sup>ve</sup> Marrot, 74 ans, 1200
1111. Chabbert Marie-Rose, 42 ans, 15
1113. Chabbert Philomène, 33 ans, 150
 192. Chauvard Simon, 68 ans, tanneur, 800
 815. Clergeau Jean-Guillaume, 71 ans, 600
 989. Cœurdacier Joséphine, 33 ans, 800
 820. Coste Denis, 45 ans, plâtrier, 600
 215. Coutelou Jean, 62 ans, plâtrier, 1100
2066. **Crassoux Paulin-Jean, 65 ans,** 1000

219. Cros Alexis, 76 ans, tanneur, 800
940. Cros Elisabeth, V$^{ve}$ Rosier, 54 ans, 600
2063. Cruvellier Marie, V$^{ve}$ Dieudé, 81 ans, 300
680. Cullié Marie, V$^{ve}$ Péret, 80 ans, 100
1399. Debru Xavier, 75 ans, cultivateur, 400
978. Delmas Marguerite, V$^{ve}$ Viguier,
 57 ans, couturière, 600
1685. Delrieu Victorine, 56 ans, 100
245. Domairon Jean. 68 ans, employé, 900
1529. Dufour Jeanne, V$^{ve}$ Contresty, 60 ans, 200
1322. Dupré Pierre, 59 ans, tailleur, 500
252. Dupy Jean, 52 ans, cultivateur, 800
254. Dupy Raymond, 52 ans, propriét., 900
1700. Fabre Jacques, 53 ans, tisserand, 100
1535. Favard Gabriel, 65 ans, tonnelier, 200
282. Ferlus Guillaume, 56 ans, tonnel., 1200
283. Ferret Jean. 67 ans, propriétaire, 800
1960. Fesquet Madeleine, V$^{ve}$ Nicolas,
 68 ans, 100
869. Fesquet Marie-Anne, 63 ans, 600
1919. Fesquet Pierre, dit *Bombet*, 61 ans, 100
1163. Fontainier Louis, 31 ans, coiffeur, 250
1001. Foulquier Joseph, 56 ans, cultiv., 1000
295. Fournier François, 52 ans, compt., 900
1205. Francès Marie, V$^{ve}$ Laspeyre, 60 ans, 800
875. Gajac Rosalie. V$^{ve}$ Laplanche, 64
 ans, bouchère, 600
306. Galibert Jean, dit le *Chat*, 62 ans, 1000
309. Garriguenc Louis, dit *Toutou*,
 63 ans, 900
314. Gayet Marius, 64 ans, ébéniste, 900
316. Gelly Nicolas-Louis, 62 ans, tourneur de chaises, 800
359. Geoffre François, 59 ans, boucher, 800
1417. Gils François, 60 ans, cultivateur, 800
322. Giscard Hyacinthe, 71 ans, négoc., 900

1191. Guiraud Laurent, 70 ans, coiffeur, 800
343. Hanic Joseph, 76 ans, tonnelier,    800
1946. Henri Lucie, V$^{ve}$ Marquié, 57 ans,   200
1867. Huc Anne-Virginie, 61 ans,       100
350. Injalbert Antoine, 66 ans, maçon,   800
1192. Jalabert Mélanie, 40 ans,      600
354. Jarlan Jean, 56 ans, manœuvre,   900
1012. Jeanjean Antoine, 47 ans, ébéniste, 1200
876. Laplanche Jean, 68 ans, commis$^{r}$, 600
377. Laprune Bélonie, 50 ans, cultivat., 1000
384. Laussinot André, 76 ans, entrepr$^{r}$, 800
1431. Lignon Etienne, dit *Lafleur*, 53
     ans, ex-fabricant de draps,    200
399. Lignon Jean - François, 58 ans,
     marchand d'huiles,      800
401. Lignon Pierre, dit *Garrigues*, 66
     ans, cultivateur,     800
403. Litre Jean-Pierre, 56 ans, tonnel., 800
1944. Lupiac Jacques, 57 ans, maçon,   200
1945. Lussignol François, 69 ans,    200
2062. Marcoul Marie, V$^{ve}$ Cérès, 66 ans,   600
420. Martin Baptiste, 76 ans,     800
427. Mary Jean, 58 ans, cultivateur,   800
429. Mas Etienne, dit *Camard*, 77 ans,
     cordonnier,       800
1950. Mas Joséphine, femme Bor, 55 ans, 100
432. Mas Pierre, 66 ans, cultivateur,   900
906. Maystre Catherine-Elisabeth, V$^{ve}$
     Méric, 67 ans, couturière,    800
1444. Meynard Emile, 57 ans, représen-
     tant de commerce,     400
1224. Mimard Marie-Louise, 68 ans,    400
826. Miramont Anne, V$^{ve}$ Cugnenc,
     65 ans,       600
462. Monis André, 65 ans,     900
1454. Nicolas Paul, 61 ans, cultivateur, 200

1236. Pagès Jean, 29 ans, serrurier,    166
1231. Pagès Marie,    266
1232. Pagès Marie-Anne,    267
 482. Pailhès Etienne, 62 ans, tonnelier, 900
 734. Pallot Paul, 45 ans, horloger,    700
 488. Pastre Pierre, 62 ans, cordonnier, 900
 490. Pastre Pierre, 53 ans, cultivateur, 900
2020. Pech Thomas-Joseph, 45 ans,    300
 681. Perret Anne-Jeanne, 60 ans,    200
 502. Pichère Désiré, 61 ans, tailleur,    800
 506. Pipi Simon, 66 ans, cordonnier,    800
1334. Planques Pierre, 59 ans, affeneur, 200
2043. Pommarède Marie - Magdeleine,
    Vve Carquet, 76 ans,    100
 522. Poujol Baptiste, dit *Verdale*, 59
    ans, tanneur,    1000
1251. Puech Catherine, ép. Tindel, 60 ans, 120
1255. Puech Cyprien-Louis, 38 ans,    120
1254. Puech Jean-Louis, 51 ans,    120
1252. Puech Joseph, 57 ans,    120
1253. Puech Rose, ép. Savignol, 53 ans,  120
 521. Puel Noël, 53 ans, cultivateur,    800
 528. Rebellac Antoine, 69 ans, cultivat., 800
 530. Remis Firmin, 56 ans, cordier,    800
 536. Rey Henri, 73 ans, jardinier,    1200
1804. Robert Joseph, 62 ans, cultivat.,  1000
1589. Robert Marie, Vve Salles, 52 ans,  200
 546. Robert Michel, 58 ans, cafetier,    900
 747. Robert Victor, 70 ans, tonnelier,    800
 550. Romieux François, 64 ans, négoc., 800
 557. Roques Jacques, 53 ans, serrurr, 1000
2044. Rossignol Marie, Vve Coutelou,
    54 ans,    100
 562. Roudès François, 68 ans, tailleur, 800
 565. Rouquet Marc, dit *Villeneuve*, 59
    ans, plâtrier,    800

566. Rouquette Antoine, 77 ans, maçon, 900
567. Rouquette Sébastien, 52 ans, fer-
     blantier,                             900
1018. Sabes Marguerite, ép. Thel, 30 ans, 1200
741. Saïsset Marguerite, V^{ve} Raucoule,
     70 ans,                          - 1200
1409. Salasc Catherine, V^{ve} Farlus,
     50 ans,                            300
583. Salvagnac André, 63 ans, tonnel., 800
1470. Salvan Jean-Raymond, 57 ans,
     tonnelier,                         300
584. Salvan Louis, 60 ans, tonnelier,  1200
596. Seguier Aphrodise, 63 ans, cultiv., 800
749. Seguier Julien, 55 ans, cultivateur, 800
843. Senaux Claire, V^{ve} Gajac, 66 ans,  700
611. Silvestre Noël, boulanger,        1200
1474. Silvestre Pierre, 63 ans, tonnelier, 300
602. Singla Gabriel, 69 ans, cultivateur, 800
607. Soulairol Pierre, 63 ans, épicier,  800
633. Trémièges Mathieu-Henri, 65 ans,
     fabricant de chaises,              800
1840. Théron Louis, 51 ans, ébéniste,   100
623. Thibayrenq André, 78 ans, cultiv., 900
1841. Thibayrenq Guillaume, 72 ans, cult., 100
2046. Thomas Marguerite, 50 ans, coutur., 100
1297. Veillier Calixte-Elie, 33 ans,    350
1296. Veillier Marie-Julie, 40 ans,     350
1848. Vialles Jean, 56 ans, tailleur,   300
847. Vidal Adélaïde, V^{ve} Gayet, 62 ans,  600
1308. Vidal François, 22 ans, cultivateur, 700
1662. Vidal Marie, V^{ve} Castel, 69 ans,   600
652. Vié Philogone, 64 ans, cultivateur, 800
812. Viste Catherine, V^{ve} Sauzy, lessiv^{se}, 600
658. Xavier Jean, 51 ans, cultivateur,   900

## BOUJAN

*18 Victimes — 12,400 francs*

| | | |
|---|---|---|
| 77. | Bertrand Antonin, 58 ans, bouch., | 900 |
| 1630. | Bertrand Etienne, 64 ans, agricult., | 100 |
| 79. | Bertrand Jean, dit *Siclou*, cultivateur, 64 ans, | 800 |
| 828. | Bertrand Madeleine-Louise, V<sup>ve</sup> Debilliez, 62 ans, | 600 |
| 1085. | Bieu Rose, V<sup>ve</sup> Cabrol, 68 ans, | 600 |
| 1517. | Cabrol Jean, 57 ans, cultivateur, | 300 |
| 1093. | Castan Joseph, 68 ans, cultivat., | 600 |
| 286. | Finiel Théodore, 75 ans, cultivat., | 900 |
| 713. | Fournier Etienne, 61 ans, propr., | 800 |
| 804. | Giniès Marguerite, V<sup>ve</sup> Castanié, 66 ans, | 600 |
| 821. | Imbert Marguerite, V<sup>ve</sup> Counorgues, 48 ans, cultivatrice, | 600 |
| 392. | Levère François, 78 ans, cultivat., | 800 |
| 723. | Levère Pierre, 55 ans, cultivateur, | 800 |
| 470. | Nineau Sébastien, 55 ans, cultiv., | 900 |
| 624. | Thibayrenq Jean, 55 ans, cultivat., | 900 |
| 958. | Thibayrenq Pierre, 67 ans, cultiv., | 800 |
| 947. | Vernette Marie, V<sup>ve</sup> Segonne, 63 ans, | 600 |

## BOUSQUET-D'ORB

*1 Victime — 200 francs*

| | | |
|---|---|---|
| 1459. | Pouget Jean, 50 ans, mécanicien, | 200 |

## BOUSSAGUES

*7 Victimes — 4,900 francs*

| | | |
|---|---|---|
| 1037. | Babeau Anne-Caroline, 38 ans, à *Donnadieu*, | 200 |

1077. Boyer Marie, ép. Lonné, 43 ans,
　　　cultivatrice, à *La Tour*,　　　600
203. Combes Philippe, 55 ans, fileur,　900
276. Fabre Pierre, 65 ans, cultivateur,
　　　à *La Tour*,　　　　　　　　900
472. Nouguier Auguste, 75 ans, culti-
　　　vateur, à *Frangouille*,　　　800
1280. Sallettes Pierre, 37 ans, cultivat.,　600
626. Thomas Augustin, 65 ans, menuis.,　900

## BOUZIGUES

*1 Victime — 600 francs*

838. Bénézech Jeanne, Vre Fabre, 73 ans, 600

## CAMPLONG

*2 Victimes — 700 francs*

941. Pastre Angélique, Vre Sablier,
　　　65 ans, journalière,　　　　600
1827. Segur Pierre, 80 ans, ex-garde-
　　　champêtre,　　　　　　　　100

## CANET

*3 Victimes — 200 francs*

1794. Revel Jean, 52 ans, cultivateur et
　　　cordonnier,　　　　　　　　100
1990. Vic Marie-Célina, 33 ans, journal{re}, 50
1989. Vic Marie-Eugénie, 22 ans,　id.　50

## CAPESTANG

*40 Victimes — 27,600 francs*

985. Amiel Antoine, 42 ans, cultivat., 400
984. Amiel Claire, 45 ans, 400
1028. André Catherine, 48 ans, 200
1026. André Marguerite, 57 ans, 200
1027. André Marguerite, dite Mélanie, 200
  18. André Pierre, 76 ans, propriét., 1200
973. Bonnafous Rosine, V^{ve} Vidal,
     63 ans, 500
  98. Bonnet François, 65 ans, cultiv., 1200
162. Cans Joseph, 58 ans, cultivateur, 800
1659. Carrière Hippolyte-Barthuel, 63
     ans, menuisier, 200
1142. Donnadieu Rose-Pauline, V^{ve}
     Galinier, 41 ans, 500
250. Dumas Joseph, 57 ans, cultivat., 800
674. Durand Victor, 50 ans, cultivat., 800
262. Escande Esprit, 62 ans, marchand
     de journaux, 900
275. Fabre Pierre, 74 ans, cultivateur, 800
1159. Fabre Rose, ép. Albert, 34 ans, 600
839. Falgas Guillaume, 79 ans, cultiv., 900
802. Falgas Louise, V^{ve} Cassagnol,
     66 ans, journalière, 600
742. Galinier Agathe, V^{ve} Raux, 81 ans, 300
1185. Grand Anne, V^{ve} Vidal, 57 ans, 300
331. Grand Antoine, 50 ans, cultivat., 900
1186. Grand Françoise, ép. Julien, 47 ans, 300
867. Hugoné Baptiste, 59 ans, cafetier, 800
868. Hugoné Pierre, 56 ans, propriét., 800
402. Lignon Urbain, 52 ans, cultivat., 1000
441. Méric François, 57 ans, propriét., 1200
451. Miquet Antoine, 52 ans, cultivat., 800

464. Montoulieu Antoine, dit *Calasse*,
     60 ans, cultivateur,                    800
465. Montoulieu Jean, 67 ans, cultiv.,      1000
888. Ouradou Anne, V<sup>ve</sup> Lignon, 62 ans, 600
962. Ouradou Marie, V<sup>ve</sup> Tourret, 69 ans, 600
495. Pech Jean, dit *Grimal*, 65 ans, cult., 1200
1238. Petit Gabrielle, ép. Izard, 39 ans,   1000
505. Pioch Pierre, 78 ans, propriétaire,     800
510. Portes Jean, 57 ans, propriétaire,      800
743. Raux Marcellin, 44 ans, cultivat.,      600
1336. Rieux Barthélemy, 58 ans, mar-
      chand de légumes,                      500
568. Rouquier Joseph, 50 ans, cultivat.,     800
577. Saisset Jean, 63 ans, cultivateur,      800
1480. Vernet Gabriel, dit *Chapie*, 54 ans,  500

## CASTELNAU-DE-GUERS

*9 Victimes — 7,800 francs*

48. Banis Pierre, 59 ans, cultivateur,      1200
180. Canssigniojouls Pierre, 71 ans,
     cultivateur,                            900
759. Daudé Suzon, V<sup>ve</sup> André, 57 ans,  600
864. Espérou Marie, V<sup>ve</sup> Guiraud, 66 ans, 800
1731. Guiraud Joseph, dit *Canot*, 71 ans,
      pêcheur,                               800
422. Martin Gabriel, 52 ans, cultivat.,      900
570. Rouveirolis Jean, 64 ans, cultivat.,    800
628. Thoulouse Etienne, 68 ans, cultiv.,     800
691. Tondut Marguerite, V<sup>ve</sup> Arnal,
     84 ans, cultivatrice,                   1000

## CASTRIES

*2 Victimes — 1,033 francs*

676. Fraissinet Charles, 62 ans, juge
de paix,                                      800
1246. Plantel Marie, ép. Fabre, 37 ans,   233

## CAUSSES-&-VEYRAN

*1 Victime — 1,000 francs*

1005. Gassenc Etienne, 39 ans, menuis., 1000

## CAUSSINIOJOULS

*1 Victime — 800 francs*

475. Vidal Véronique, V$^{ve}$ Ollier, 41 ans, 800

## CAUX

*34 Victimes — 16,600 francs*

28. Astruc Faré, 66 ans, propriétaire, 800
1609. Aubaret Pierre, 66 ans, gérant
d'affaires,                                    200
66. Bastide Adolphe, 50 ans, tailleur, 1000
1497. Bastide Jean, 47 ans, maçon,          300
105. Bousquet Hippolyte, 50 ans, journalier,                                        900
144. Calas Adrien, 61 ans, ménétrier,  800
1519. Calas Emile, 48 ans, musicien,      200
146. Calas Lucien, 75 ans, musicien,    800
311. Cancel Jean, 51 ans, journalier,  1000

1679. Coutissou Stanislas, 64 ans, culliv., 100
1530. Coutissou Pierre, 79 ans, cultivat., 200
 235. Delbès André, 68 ans, cultivateur, 900
 279. Falgoux Pierre, 69 ans, cordonnier, 900
1933. Gaucel Adélaïde, 35 ans, 34
1929. Gaucel Antoine, 38 ans, 33
1934. Gaucel Jean, 30 ans, 34
1930. Gaucel Marc, 40 ans, 33
1932. Gaucel Marie-Anne, 47 ans, 33
1931. Gaucel Pierre-Aimé, 45 ans, 33
1716. Gept Pierre, 43 ans, propriétaire, 400
 323. Gleizes Venant, 65 ans, cultivateur, 800
 365. Labro Alexis, 54 ans, platrier, 900
1614. Lauras Hélène, V$^{ve}$ Balsière, 62 ans, 300
1074. Navas Catherine, V$^{ve}$ Boyer, 74 ans, 600
2014. Nougaret Anselme, 54 ans, propr., 400
 474. Olivier Pierre, 80 ans, maçon, 800
 487. Pascal Nazaire, 76 ans, cultivat., 800
2008. Pibre Rosalie, V$^{ve}$ Souquet, 75 ans, 800
 605. Sire Jean, 72 ans, cultivateur, 800
1831. Sire Noël, 68 ans, tuilier, 100
 610. Souquet Etienne, 68 ans, cultivat., 800
1578. Tournier Marie, V$^{ve}$ Poujol, 32 ans, 200
1303. Vernazobres Claire, ép. Durand,
      52 ans, cultivatrice, 500
1849. Vican Emmanuel, 47 ans, cultivat., 100


## CAZOULS-LÈS-BÉZIERS

*17 Victimes — 8,800 francs*

 857. Bédos Victoire, V$^{ve}$ Gleizes, 73 ans, 500
1650. Brès Marie, ép. Bertrand, 40 ans, 400
1656. Campagnac Jean, 62 ans, cultivat., 200
1657. Campagnac Joseph, 60 ans, cultiv., 100
 234. Dejean Pierre, 66 ans, épicier, 800

926. Desfours Marie, V^re Puel, 54 ans, 600
1139. Donnadieu Auguste, 50 ans, 600
246. Donnadieu Jean, dit *La Caille*,
    69 ans, cultivateur, 800
318. Genson Martial, 62 ans, cultivat., 900
1720. Gontier Jean, 61 ans, garde-
    champêtre, 200
349. Iché Jean, 60 ans, cultivateur, 800
1194. Jammes Marie, ép. Cabanel, 57 ans, 800
853. Palouzier Marie, V^re Genson, 67 ans, 600
1789. Priou Abel, 59 ans, épicier, 100
697. Rabaud Mélanie, V^re Bédos, 58 ans, 600
1802. Robert César, 68 ans, cultivateur, 100
649. Vidal Philippe, 54 ans, tonnelier, 700

## CÉBAZAN

*23 Victimes — 12,100 francs*

1862. Affre Antoine, 73 ans, cultivateur, 100
4. Affre Jean, dit *Joly*, propriétaire, 900
1036. Babeau Barthélemy, 44 ans, ma-
    réchal-ferrant, 200
53. Barrès Antoine, dit l'*Evêque*, 61
    ans, cultivateur, 900
1363. Boissezon Etienne, 57 ans, maçon, 300
1088. Cailhé Marie, ép. Clavel, 32 ans, 600
143. Cailhé Martin, 68 ans, cultivateur, 900
1096. Castel Elie, 34 ans, propriétaire, 500
1064. Castel Marie, V^re Bosc, 62 ans, 400
918. Decor Marguerite, V^re Planès, 75 ans, 600
1140. Donnadieu Jean, 51 ans, cultivat., 300
1911. Donnadieu Jean-Antoine, 50 ans,
    agriculteur, 100
1141. Donnadieu Marguerite, ép. Rols,
    49 ans, 300

719. Imbert Joseph, 75 ans, cultivateur, 800
404. Loubet Auguste, 67 ans, platrier,   900
456. Miquel Pierre, 50 ans, cultivateur, 900
501. Philip Philippe, 64 ans, cultival.,   1000
508. Planès Joseph. 52 ans, cultivateur, 800
1803. Robert Jean, 72 ans,          100
1267. Rols André, 36 ans, cultivateur,   150
1266. Rols Jean, 45 ans, cultivateur,     150
1473. Sicard Jean, 56 ans, agriculteur,  .400
642. Verdier Martin, 77 ans, cultivat.,    800

## CESSENON

*10 Victimes  —  5,400 francs*

698. Barthès Madeleine, V$^{ve}$ Bénézech, 1000
1644. Bournier Victor, 55 ans, maçon,    100
141. Bousquet Charles, 62 ans, boucher, 800
1652. Bru Joseph, 59 ans, cultivateur,    100
1543. Gast Emile, 53 ans, cultivateur,    200
1550. Grasset Gratien, 52 ans, commis-
      sionnaire en vins,            200
342. Guisset Joseph, 56 ans, maçon,    900
454. Miquel Joseph-Etienne, 60 ans,    900
547. Robert Urbain, 55 ans, cultivat.,   1000
1591. Soulette Jean, 57 ans, receveur-
      buraliste à Prades,           200

## CETTE

*47 Victimes  —  23,400 francs*

30. Aubert Louis, 54 ans,          1200
1039. Baccou Jacques, 43 ans, journalier, 600
41. Baille Barthélemy, 60 ans, tonnel., 1200

775. Beaumadier Augustine, 34 ans,
   ép. Rouby, 100
773. Beaumadier Jean, 48 ans, tonnelier, 100
776. Beaumadier Jeanne, ép. Pech,
   42 ans, 100
82. Bessil Justin-Guillaume, 800
1066. Boubals Amélie, ép. Gauzy, 40 ans, 300
116. Brives Jacques, 59 ans, pêcheur, 900
1516. Cabanette Pierre, 74 ans, ex-
   boulanger, 400
161. Cannac Pierre, 64 ans, portefaix, 800
806. Cauniès Catherine, Vᵛᵉ Caucanas,
   61 ans, 700
1317. Chabrier François, 55 ans, employé du chemin de fer, 700
1115. Charras Louis, 55 ans, boucher, 600
194. Chevalier Martin, 53 ans, tailleur, 800
209. Courrège Anaïs-Joséphine, 45 ans, 200
210. Courrège Fanny, 33 ans, 200
212. Courrège Marie-Louise, 26 ans, 200
211. Courrège Michel, 32 ans, 200
1397. Daumas Antoine, domestique, 300
1130. Deduc Aaron, 40 ans, commissionʳᵉ, 600
258. Durand Modeste, 59 ans, boulang., 900
951. Fournols Louise, Vᵛᵉ Siadoux,
   54 ans, ménagère, 600
1544. Gaubert Louis, 55 ans, menuisier, 200
1006. Gély Marie, ép. Fournier, 31 ans, 1000
858. Granier Céline, 48 ans, 250
717. Granier Jean, 57 ans, tonnelier, 800
859. Granier Mélanie, 42 ans, 250
344. Hatot Victor, 72 ans, mécanicien, 800
1734. Jamme Pierre, 200
357. Jeannin Narcisse, 61 ans, chau-
   fournier, 1000
2015. Labri Jean-Pierre, 50 ans, pêcheur, 400

1560. Leblond Auguste, 53 ans, journal<sup>r</sup>, 200
1939. Lenadier Pierre, 58 ans, platrier, 100
1940. L'est Epiphane, dit *Célestin*, ébén<sup>te</sup>, 100
1441. Massac Alphonse, 67 ans, journal<sup>r</sup>, 600
435. Maurin Barthélemy, 72 ans, charp., 1100
436. Maurin Ignace, 57 ans, 800
1318. Mesnil Rose, V<sup>ve</sup> Cros, 46 ans, 600
1263. Ricard Maria, 31 ans, 600
1265. Roche Anna, ép. Deloupy, 36 ans, 500
1274. Runel André, 54 ans, ébéniste, 120
1277. Runel Auguste, 35 ans, 120
1273. Runel François, 57 ans, tonnelier, 120
1275. Runel Françoise, V<sup>ve</sup> Pioch, 53 ans, 120
1276. Runel Frédéric, 45 ans, commis<sup>re</sup>, 120
635. Vallat Louis, dit *Alfred*, 58 ans,
  tonnelier, 800

## CLARET

*10 Victimes — 2,334 francs*

1513. Brissac Isidore, 50 ans, garde
  forestier, 200
1898. Causse Jean, dit *Nyon*, cultivateur, 100
1143. Dumas Anastasie, ép. Brissac,
  48 ans, 167
1444. Dumas Henriette, V<sup>ve</sup> Crouzet,
  43 ans, 167
825. Gervais Marguerite, V<sup>ve</sup> Crouzet,
  63 ans, cultivatrice, 600
1937. Jean Joseph, 55 ans, cultivateur, 100
1897. Jean Marie, V<sup>ve</sup> Causse, 51 ans, 100
1976. Roussel Marc, 52 ans, entrepren<sup>r</sup>, 100
632. Tourrier Placide, 49 ans, bûcheron, 700
1986. Vedel Charles, 51 ans, cultivateur, 100

## CLERMONT-L'HÉRAULT

*43 Victimes — 14,785 francs*

  34. Audibert Frédéric, 67 ans, juge
     de paix,                        1000
1625. Bannier André, 55 ans, camionn$^r$,   300
 768. Barral Jeanne, 20 ans,        267
 769. Barral Louis-Marius, 17 ans,    266
1052. Bertrand Guillaume, 54 ans, me-
     nuisier,                    300
1059. Bonnal Eugène, 58 ans, cantonn$^r$, 500
1053. Bonnal Eugène-Joseph, 57 ans,
     agent de police,          400
1374. Caissol Emile, 54 ans, docteur en
     médecine,             600
 767. Calmettes Euphrosine, V$^{re}$ Barral, 267
1382. Caumette Philomène, 23 ans, ou-
     vrière en laines,        600
 179. Causse François, 62 ans, cultivat., 800
1125. Congras Florentine, 40 ans,    300
 819. Coste Félix, 53 ans, fabr. de tuiles, 400
 208. Coste Jean, cultivateur, 65 ans,   800
1131. Dejean Marie-Anne, 59 ans,    167
1132. Dejean Paule-Virginie, 55 ans,   167
 993. Delpech Jean-Baptiste, 35 ans,   900
 260. Durand Thomas, 70 ans, tailleur
     de pierres,            800
1000. Fargues Jules, 58 ans, commis-
     sionnaire en laines,      500
 925. Jacques paule, V$^{re}$ Prat, 73 ans,   600
1564. Lombard Virginie, 46 ans,     100
1434. Lugagne César-Prosper, 52 ans,    33
1433. Lugagne Etienne, 58 ans,       33
1432. Lugagne Hippolyte-Eugène, 60 ans, 33
1437. Lugagne Marie-Emilie, 63 ans,    34

1435. Lugagne Marie-Euphémie, 47 ans, 33
1436. Lugagne Prosper-Lucien, 66 ans, 34
1756. Maurin Barthélemy, 58 ans, cultiv., 100
1214. Maury Louis, potier, 49 ans, 150
492. Paullier Fulcrand, 60 ans, chauff., 800
929. Ramy Pierre, 77 ans, marchand
de cuirs, 700
1579. Ramy Pierre-Antoine, 55 ans, professeur, 200
1580. Raunier Jacques, 61 ans, cultiv., 200
1798. Richefort Victor, 65 ans, cultivat., 200
551. Ronzier - Joly Alphonse, 82 ans,
rentier, 900
552. Ronzier - Joly Alphonse, 59 ans,
médecin, 900
1272. Ruffel Pierre, 43 ans, serrurier, 800
1593. Tarbouriech Jean, 59 ans, épicier, 200
794. Vidal Marie, Vᵛᵉ Cabal, 54 ans, 600
1854. Vigourel Apolonie-Anne, 32 ans, 25
1857. Vigourel Ernestine, 21 ans, 25
1856. Vigourel Etienne, 23 ans, 25
1855. Vigourel Joseph-Jean-Jacques, 25

## COLOMBIÈRES

*8 Victimes — 3,700 francs*

696. Barthès Paul, 65 ans, propriétaire, 600
1636. Boissié Joseph, 68 ans, 100
797. Cabanié Catherine, Vᵛᵉ Capou,
55 ans, 600
930. Cabanié Marie, Vᵛᵉ Raisin, 52 ans, 600
809. Cavailhé Jérôme, 53 ans, boucher, 600
1391. Combescure Jean, 72 ans, cultiv., 200
1559. Lauze François, 60 ans, tailleur, 200
753. Vidal Pierre, 50 ans, cultivateur, 800

## COLOMBIERS

*6 Victimes — 5,300 francs*

| | | |
|---|---|---|
| 9. | Alexis Jean, 66 ans, carrier, | 900 |
| 10. | Alexis Pierre, 57 ans, cultivat$^r$ | 1000 |
| 42. | Baldy François, 56 ans, scieur de long, | 1200 |
| 50. | Barbe François, 56 ans, propr$^{tre}$, | 900 |
| 221. | Cros Jean, 62 ans, | 800 |
| 854. | Gibert Jean, 73 ans, terrassier, | 500 |

## CORNEILHAN

*3 Victimes — 2,800 francs*

| | | |
|---|---|---|
| 315. | Gelly Aphrodise, 78 ans, | 900 |
| 453. | Miquel Charles, 61 ans, cultivat$^r$, | 900 |
| 688. | Roucairol François, 60 ans, cult$^r$, | 1000 |

## COULOBRES

*2 Victimes — 300 francs*

| | | |
|---|---|---|
| 1632. | Biau Etienne, 55 ans cultivateur, | 100 |
| 1511. | Boussagol Jeanne-Marie-Anne, V$^{ve}$ Boyer, 50 ans, | 200 |

## CREISSAN

*1 Victime — 600 francs*

| | | |
|---|---|---|
| 810. | Mounié Angèle-Calixte, veuve Boyer, 62 ans, | 600 |

## CRUZY

*14 Victimes — 9,300 francs*

| | | |
|---|---|---|
| 23. | Asloul Joseph, 61 ans, propriét<sup>re</sup>, | 900 |

23. Asloul Joseph, 61 ans, propriét<sup>re</sup>, 900
45. Aulis Louis, 50 ans, cultivateur, 800
1206. Bourdel Marie, V<sup>ve</sup> Latranchée,
    60 ans, domestique, 400
149. Cals Guillaume, 54 ans, cultivat', 900
599. Cerez Joseph, 56 ans, cultivateur, 900
1526. Clarenc Guillaume, 80 ans, cultiv<sup>r</sup>, 100
376. Lapeyrouse (de) Henri, avocat, 1200
2042. Marcou Pierre, 68 ans, ex-cor-
    donnier, 100
788. Puechlaurens Anne, V<sup>ve</sup> Bourdel,
    73 ans, 600
689. Sabatier François, 72 ans, cultiv., 800
581. Salles Marc, 58 ans, propriétaire, 800
586. Sambayle Louis, 64 ans, cultivat., 800
1471. Sèbe père, cultivateur, 200
499. Serez Rose, V<sup>ve</sup> Petit, 71 ans, 800

## DIO & VALQUIÈRES

*3 Victimes — 600 francs*

1078. Brandier Augustine-Mélanie-Emi-
    lie, 19 ans, domestique, 200
1080. Brandier Hortense, 15 ans,
    domestique, 200
1079. Brandier Marie - Félicité - Berthe,
    17 ans, domestique, 200

## ESPONDEILHAN

*8 Victimes — 4,300 francs*

1654. Cabanel Jean, 59 ans, propriétaire, 100
1664. Caucanas Jean, 62 ans, maçon, 200
244. Devilla Camille-Bernard, 54 ans, 900
1138. Devilla Léandre, 25 ans, cultivat., 600
807. Jourdan Marie, Vᵛᵉ Caucanas, 61
    ans, épicière, 600
396. Lignon François, 46 ans, préposé
    des douanes, 400
2013. Maurel Marie, ép. Cathala, 47 ans, 600
479. Ouradou Jean, 65 ans, cordonnier, 900

## FABRÈGUES

*2 Victimes — 800 francs*

1545. Germain Antoine, 74 ans, charron, 200
970. Germain Jeanne, Vᵛᵉ Verney, 60 ans, 600

## FAUGÈRES

*4 Victimes — 2,500 francs*

1666. Cavalier Jean, 70 ans, instituteur, 300
564. Rougé Jean, 60 ans, journalier, 900
576. Sadde Jacques, dit *Le Patron*, 70
    ans, cultivateur, 900
1342. Seguier Antoine, 59 ans, boulang., 400

## FÉLINES-HAUTPOUL

*1 Victime — 800 francs*

236. Dellac Pierre, 56 ans, cultivateur, 800

## FLORENSAC

*38 Victimes — 17,233 francs*

1608. Angles Etienne, 60 ans, cultivat., 200
1034. Arnal Françoise, ép. Vinas, 54 ans, 300
57. Barthe Martin, 52 ans, sans profes., 1200
1042. Bastide Honorine, ép. Ganigues,
    43 ans, 200
1498. Bedin Jacques, 53 ans, cultivateur
    et boucher, 200
1661. Berthuel Françoise, V$^{ve}$ Castel,
    56 ans, 200
1912. Brousse Marguerite, V$^{ve}$ Doumer-
    gue, 49 ans, 100
156. Cambon Yves, 75 ans, cultivateur, 1000
157. Cambrenoux André, 69 ans, cultiv., 900
169. Castagnié Gabriel, 50 ans, courtier, 900
1108. Challiès Angélina, 34 ans, 200
1106. Challiès Françoise, 35 ans, 200
1103. Challiès Célina, ép. Landuze, 40 ans, 167
188. Challiès Louis, 54 ans, cultivateur, 900
1107. Challiès Marie-Elisabeth, 30 ans, 200
1104. Challiès Marie-Emilie, 36 ans, 166
1102. Challiès Philippine, ép. Iché, 42 ans, 167
1105. Challiès Pierre-Prosper, 37 ans, 200
190. Chanteraud Pierre, 57 ans, cultiv., 900
1977. Clapier Marie, V$^{ve}$ Rudelou, 58 ans, 100
850. Clapié Marie, V$^{ve}$ Gelly, 57 ans, 600
1713. Dalché Catherine. V$^{ve}$ Gaudy, 49 ans, 200
237. Delmas Pierre, 51 ans, cordonnier, 1000
805. Descols Christine, V$^{ve}$ Castel, 73 ans, 600
1949. Fornairon Anne-Martin, 88 ans, 100
1733. Itié Jean, 68 ans, cultivateur, 100
1739. Jullié Jean, 54 ans, cultivateur, 200

363. Jullié Pascal, 50 ans, épicier, 900
367. Laffons Baptiste, 64 ans, cultivat., 900
373. Landes Jean, 59 ans, journalier, 900
1768. Nouguier Henri, 47 ans, 200
1260. Reboul Jeanne, femme Lautrec,
    45 ans, journalière, 350
1259. Reboul Marie, femme Bedin,
    49 ans, journalière, 350
1016. Ribes Marie-Anne, femme Grès,
    61 ans, 333
543. Rivière Charles, 56 ans, cultivat., 900
1830. Serre Théodore-Pierre-Urbain, 100
630. Tondut Auguste, 47 ans, cultivat., 1000
1859. Villard Jean, 56 ans, cultivateur, 100

## FONTÈS

*4 Victimes — 500 francs*

1488. Aliquot Alexis, 50 ans, agricult<sup>r</sup>., 200
1914. Durand Jean, 52 ans, agriculteur, 100
1727. Guidou François, 52 ans, jardinier, 100
1900. Rogé Marguerite-Apolonie, veuve
    Cavaillié, 46 ans, 100

## FOS

*1 Victime — 1000 francs*

987. Baudan Paulin, 1000

## FRAISSE

*2 Victimes — 500 francs*

1209. Mas Jean-Lucien, 18 ans, 250
1210. Mas Joseph-Paul, 12 ans, 250

## FRONTIGNAN

*2 Victimes — 1150 francs*

982. Alibert Mathilde, ép. Anterrieu,
   57 ans,                                  250
469. Nicoleau Jean-Pierre, 53 ans, scieur
   de long, à *La Peyrade*,                 900

## GABIAN

*8 Victimes — 3,400 francs*

142. Cahuzac Anselme, 55 ans, platrier,   900
170. Castan Jean, dit *Roussel*, 63 ans,
   cultivateur,                            900
1678. Couderc Michel, 66 ans, propriét.,  100
1179. Gibert Jean-Baptiste, 39 ans, instit., 200
370. Laget Amédée, 52 ans, cultivateur,   900
1752. Marc Etienne, 65 ans, cultivateur,  100
1445. Milhau Elie, 51 ans, bouilleur,     200
1850. Roger Claire, V$^{ve}$ Vidal, 55 ans,  100

## GANGES

*8 Victimes — 5,500 francs*

1717. Broc Elisabeth, V$^{ve}$ Gervais, 49 ans, 400
284. Fesquet Dessaix, 82 ans, sous-
   officier en retraite,                   1200
1565. Mallié François, 57 ans, faiseur
   de bas,                                 200
728. Martin Amans, 66 ans, faiseur de
   bas,                                    800
659. Mazamat Suzanne, V$^{ve}$ Massal,
   77 ans,                                 1100

684. Puech Hippolyte, 66 ans, faiseur
    de bas, 700
519. Puech Louis, dit *Marchand*, 58
    ans, maçon, 800
1596. Toureille Isaac, maçon, 300

## GIGEAN

*8 Victimes — 2,850 francs.*

1348. Anterrieu Marius, 46 ans, propriét., 300
1365. Bonnet François, 72 ans, cultivat., 300
1371. Brunel Jean, 58 ans, cultivateur, 200
 670. Choisy Louis, 63 ans, boulanger, 700
1178. Gervais Alcide, 47 ans, pharmac., 300
1546. Picou Magdeleine, Vᵛᵉ Giral, 59 ans, 150
 683. Poujol Joseph, 71 ans, cultivateur, 700
1525. Poulalion Marie, Vᵛᵉ Choisy, 50 ans, 200

## GIGNAC

*2 Victimes — 700 francs*

1514. Brunel Hippolyte, 64 ans, ancien
    constructeur-mécanicien, 300
 849. Gazagne Antoine, 54 ans, agent
    d'affaires, 400

## GRABELS

*1 Victime — 600 francs*

1398. Daupy Antoine, 54 ans, cultivateur,
    au Mas-de-Bonniol, 600

## GRAISSESSAC

*3  Victimes  —  1,200 francs*

1359. Béc Lazare, 52 ans, ouvr. mineur, 400
1658. Carmes Paul, platrier,              600
1667. Cazals Pierre, dit *René*, 56 ans,
    mécanicien,                          200

## LANSARGUES

*5 |Victimes  —  1,800 francs*

1883. Bonhomme, ép. Lafon, 47 ans,       200
1389. Chautard Nicolas, cultivateur,     200
 900. Jean Rose, Vᵛᵉ Mayran, 62 ans,   500
 901. Maistre Françoise, Vᵛᵉ Mayran,
    70 ans,                              100
 740. Radier Léonard, 72 ans, propriét., 800

## LATTES

*1  Victime  —  600 francs*

831. Galot Anne, Vᵛᵉ Durand, 64 ans,     600

## LAURENS

*3  Victimes  —  1,200 francs*

  27. Astruc Martin, 68 ans, cantonnier, 900
1521. Castan Isidore, dit *Sylvain*, 48
    ans, agriculteur,                    200
2055. Castan Sylvain, 31 ans, cultivateur, 100

# LAUROUX

*3 Victimes — 1,300 francs*

705. Caisso Adrien, 57 ans ,terrassier, 900
1518. Caisso Joseph, 84 ans, cultiva-
     teur, *aux Moulières*, 200
1779. Paulet Fulcrand, 60 ans, fileur, 200

# LAVÉRUNE

*4 Victimes — 2,100 francs*

764. Castan Léontine, V$^{ve}$ Azémar,
     46 ans, 600
693. Guizard Marie, V$^{ve}$ Authebon, 1000
1269. Rousset Jacques, 60 ans, cultivat., 300
1270. Rousset Marie, V$^{ve}$ Commel, 41 ans, 300

# LÉZIGNAN-LA-CÈBE

*4 Victimes — 3,200 francs*

38. Azéma Alexis, 74 ans, cultivateur, 1000
871. Bénézech Marie, V$^{ve}$ Jouilliée,
     73 ans, 600
609. Soulignac Charles, 60 ans, cultiv., 900
899. Villar Marie, V$^{ve}$ Maury, 62 ans, 700

# LESPIGNAN

*23 Victimes — 21,000 francs*

666. Barthès Victor, 63 ans, cultivat,, 800
1633. Blanquier Noël, 73 ans, propriét., 100

106. Bousquet Jean, 76 ans, ag. rural, 900
704. Bouzigues Louis, 70 ans, tailleur, 900
217. Crassous Jean, 51 ans, cultivateur, 800
220. Cros Antoine, 57 ans, m^d de fruits, 800
980. Cros Marie, V^ve Vincent, 48 ans, 600
238. Delon Etienne, 63 ans, domestique, 800
1793. Delon Françoise, V^ve Roucairol,
      68 ans, 100
1684. Delon Jacques, 74 ans, cultivateur, 100
1927. Grasset Félix, 47 ans, cultivateur, 100
860. Lanet Claire, V^ve Grasset, 66 ans, 600
12.8. Mège Marie, femme Escola, 200
1219. Mège Rosine, femme Barrat, 200
1222. Merle Françoise, 25 ans, 250
1221. Merle Marie-Mélanie, 31 ans, 250
544. Robert Jean, 66 ans, cultivateur, 800
615. Tarbouriech François, 58 ans, cult., 800
1508. Vidal Anne, V^ve Bouis, 60 ans, 200
648. Vidal Louis, 68 ans, berger, 800
1895. Vidal Marie, V^ve Carrière, 100
746. Vidal Marie, V^vo Rigal, 81 ans, 1000
654. Viguier Joseph, 54 ans, propriét., 800

## LA LIVINIÈRE

*3 Victimes — 2,300 francs*

84. Blanc Emile, 61 ans, cultivateur, 800
961. Boyer Claire, V^ve Toulouse, 50 ans, 600
332. Grand Joseph, 60 ans, tuilier, 900

## LODÈVE

*82 Victimes — 34,150 francs*

12. Alinat Antoine, 65 ans, tisserand, 800

13. Alinat Antoine, 65 ans, tisserand, 900
1806. Azéma Elisabeth, V^re Roger, 50
    ans, ouvrière de fabrique, 100
46. Balp Bernard, 62 ans, boulanger, 800
47. Balp Hippolyte, 52 ans, fabricant
    de filets, 800
1613. Balp Jean, 63 ans, recev. d'octroi, 200
49. Barbe Etienne, 52 ans, journalier, 1000
1899. Baumes Noël, 57 ans, tisserand, 100
1628. Benoit Hippolyte, 56 ans, tisserand, 100
701. Bouissac François, 62 ans, tisser^d, 800
1653. Brun Isidore, 71 ans, fileur, 100
118. Brun Jules, 55 ans, fileur, 900
119. Brunel Etienne, dit *Théodore*, 70
    ans, mécanicien, 800
1892. Brunet Pierre, 52 ans, tisserand, 100
756. Bruyère Florestine, V^re Albagnac,
    66 ans, 600
167. Carrière Jean, 55 ans, tanneur, 1100
173. Castille Jean-Henri, 66 ans, 900
1663. Catalan Faustin, dit *Fernando*,
    64 ans, ouvrier de fabrique, 100
1384. Caylar Bazile, 58 ans, journalier, 200
184. Cazals Jean, 65 ans, teinturier, 800
1112. Chabbert Françoise, 35 ans, 150
1394. Cros Jean, 62 ans, tisserand, 200
790. Crouzilhac Jeanne, V^re Boyrac,
    82 ans, 600
800. David Eulalie, V^re Carrière, 51 ans, 500
1686. Descouts Jean, 64 ans, cultivateur, 100
1351. Ducoin Camille, V^re Balp, 34 ans, 400
872. Dupin Elisabeth, V^re Jourdan, 72
    ans, ménagère, 600
1729. Escande Marie, V^re Géraud, 54 ans, 200
1694. Escudier André, 51 ans, tisserand, 400
1846. Escudier Jeanne, V^re Valéri, 68
    ans, ouvrière de fabrique, 100

1982. Fabre Elisabeth, V^re Sauvayre,
    72 ans,                               100
1375. Fabrègues Anne, V^re Caisso dit
    *Sabet*, 73 ans, ménagère,       600
1921. Flottard Jacques, 57 ans, cultivat., 100
1922. Fouquet Louis, 42 ans, fileur,     50
1923. Fouquet Marie, ép. Blanc, 40 ans,  50
 296. Fraisse Baptiste, 62 ans, proprié., 800
2016. Fraisse Apolonie, V^ve Albagnac,
    72 ans,                             300
1002. Fulcrand Louis, 56 ans, tisserand, 400
 834. Galtier Marianne, V^re Escudié, 56
    ans, ménagère,                600
1171. Gaujous Jean, 42 ans, serrurier,   200
1169. Gaujous Catherine, ép. Vailhé,
    47 ans, ménagère,         200
1170. Gaujous Rose, ép. Froment, 45
    ans, ménagère,                200
1325. Granier Rose, ép. Caisso, 35 ans, 200
 351. Inquimbert Jean, 68 ans, employé
    d'octroi,                       900
2012. Larroque Florian, 16 ans,       600
1744. Laurès Jean, 64 ans, tisserand,   100
 388. Lavagne Fulcran, 66 ans, maçon, 800
1563. Liquer Jean, dit *Soulages*, 80 ans,
    tailleur d'habits,          300
 965. Liquier Marie, V^re Vaillé, 51 ans, 600
1439. Mallet Antoine, 65 ans, tanneur,  200
 424. Martin Polycarpe, 63 ans, tisserand, 900
 428. Mas Antoine, 76 ans, fileur,     800
1759. Milhau Stanislas, 65 ans, porteur
    de contraintes,            100
1762. Monnier Théodore, 56 ans, maçon, 200
1449. Montel Louis, 80 ans, ancien fileur, 200
1770. Nougaret Pierre, 59 ans, maçon,  200
 679. Nougaret Pierre-Michel, 65 ans,
    **fileur**,                     800

796. Nouguier Laure, V<sup>ve</sup> Cambon, 72
  ans, épicière,       600
1781. Peyre Pierre, 58 ans, tisserand,  200
1783. Planès Jean, 69 ans, tisserand,  100
504. Pioch Fulcran, 59 ans,    800
890. Pons Julie, V<sup>ve</sup> Maizon, 72 ans,  700
1660. Privat Brigitte, V<sup>ve</sup> Castel, 70 ans, 100
898. Raunier Odile, V<sup>ve</sup> Maury, 63 ans, 600
1801. Rivemale Pierre, 59 ans, tisserand, 200
1462. Roger Jean, 63 ans, ourdisseur,  200
1817. Rouquette Jean, 66 ans, fileur,  200
1805. Rouquette Marguerite, V<sup>ve</sup> Roger,
  47 ans, domestique,    100
892. Rouquette Marie, V<sup>ve</sup> Marty, 60
  ans, marchande de poteries,  600
1975. Rouvier Rose, V<sup>ve</sup> Rouquette, 58
  ans, tisseuse,      100
571. Roux Fulcrand, 77 ans, ouvrier
  de fabrique,       900
1824. Sarrat Jean, 57 ans, journalier,  200
600. Serre Jérôme, 60 ans, journalier,  800
612. Jalis François, 63 ans, journalier,  800
1838. Teissier Antoine, 71 ans, tisserand, 100
627. Thorel Jean, 68 ans, tisserand,  800
644. Vergnet Etienne, 63 ans, filateur, 1000
1994. Vigouroux Elisabeth, 28 ans,   20
1993. Vigouroux Florentine, 17 ans,   20
1997. Vigouroux Jean, 20 ans,    20
1996. Vigouroux Julie, 33 ans,    20
1995. Vigouroux Rosalie, 25 ans,   20

## LOUPIAN

### *3 Victimes — 500 francs*

1612. Baille François, 69 ans, cultivat.,  100

1380. Castan Augustin, 56 ans, cultivat., 200
1458. Pieyre Camille, 61 ans, tonnelier,  200

## LUNAS

*1 Victime — 300 francs*

2022. Taussac Antoine, 64 ans, jardinier, 300

## LUNEL

*5 Victimes — 1,400 francs*

1190. Gras Antoinette, ép. Valade, 35 ans, 150
1189. Gras Marie, ép. Rouvière, 38 ans,  150
1188. Gras Sophie, ép. Rouvière, 38 ans, 150
1187. Gras Suzanne, ép. Dezière, 45 ans, 150
 346. Hébrat Jean, 59 ans, chaisier,     800

## LUNEL-VIEIL

*6 Victimes — 800 francs*

1489. Allary Pierre, dit *Bourgeois*, 53 ans,
        cultivateur,                   200
1905. Cournelet Jacques, 70 ans, cultiv., 100
1979. Gibert Marie, Vᵛᵉ Sabatier, 55 ans, 100
1554. Janin Jean, 67 ans, charron,     200
1774. Pagès André, 80 ans, cultivateur, 100
1968. Potet Charles, 74 ans, cultivateur, 100

## MAGALAS

*16 Victimes — 7,400 francs*

 959. Bonnet Pauline, Vᵛᵉ Thourel, 78 ans, 600

877. Borrel Vincente, V^{ve} Laprune, 65 ans, 500
114. Brieu Hippolyte, 67 ans, serrurier, 1000
1383. Caunes Martin, 68 ans, cultivat^{r}., 200
994. Devic Claire, 57 ans, cultivatrice, 267
718. Devic Claire-Marcelline, V^{ve} Oura-
     dou, 60 ans, domestique, 600
996. Devic Etienne, dit *Philippe*, 49 ans,
     cultivateur, 266
995. Devic Jean, 52 ans, cultivateur, 267
243. Devic Philippe, 48 ans, domestiq., 800
257. Durand Louis, 62 ans, cultivateur, 900
1928. Ginières Pierre, 52 ans, cultivat^{r}., 100
1735. Janel Pierre, 73 ans, cultivateur, 200
1584. Rességuier Zabulon, 70 ans, 300
582. Salmes Pierre, 57 ans, cultivat^{r}., 900
1842. Toquebiau Auguste, 54 ans, maçon, 100
1343. Trinché Louise, V^{ve} Siéges, 66 ans, 400

## MARAUSSAN

*19 Victimes — 12,400 francs*

933. Abbal Marie, veuve Roque, 54 ans, 500
7. Albaille Jean, 64 ans, agriculteur, 800
8. Albaille Pierre, 57 ans, cultivateur, 800
1038. Babeau Lucie, femme Roucairol,
     29 ans, 200
1040. Balaman François, 51 ans, cultiv., 600
44. Balaman Guillaume, 56 ans, cult., 1200
255. Durand Aphrodise, 53 ans, cultiv., 800
297. Frezard Jean, 65 ans, cultivateur, 800
949. Ginieis Justine, V^{ve} Senaux, 63 ans, 600
337. Guibert Benoit, 54 ans, cultivateur, 800
355. Jaussan Etienne, 54 ans, cultivat^{r}., 900
356. Jaussan Jean, 63 ans, domestique, 900
425. Martrou Jean, 57 ans, cultivateur, 900

1961. Pagès Marie, femme Senaus, 40 ans, 100
 686. Robert Remy, 47 ans, tonnelier,    700
 932. Roque Jean, 83 ans,               200
1811. Rouch Louis, 50 ans, agriculteur, 200
 598. Senaux Louis, 53 ans, cultivateur, 800
 937. Tindel Elisabeth, veuve Rouch,    -
      77 ans,                           600

## MARGON

*1 Victime — 900 francs*

 103. Bousquet Etienne, 78 ans, cultiv., 900

## MARSEILLAN ✗

*56 victimes — 23,200 francs*

  22. Argente Joseph, 57 ans, cultivat.,  800
1033. Armand Eloi, 46 ans,               300
1873. Baille Dominique, 57 ans,           75
1872. Baille Elisabeth, 52 ans,           75
1871. Baille Emile-Angélina, 43 ans,      75
1870. Baille Marie-Héloïse, 40 ans,       75
1615. Banq André, 62 ans, cultivateur,   100
 927. Banq Anne, veuve Py, 58 ans,       600
1616. Banq Claude, 53 ans, cultivateur,  100
1874. Banq Eléonore, 61 ans, cultivat.,  100
1617. Banq Pierre, 59 ans, boulanger,    200
  51. Baret Bernard, 57 ans, cultivat.,  800
1619. Baret Henri, 56 ans, cultivateur,  100
 555. Barthe Agathe, Vᵛᵉ Roques, 61 ans, 600
1761. Bastide Marie, Vᵛᵉ Mimard, 57 ans, 200
 986. Baudassé Julien, cultivateur,      800
1357. Baudassé Pierre-Jean, 36 ans,
          concierge à la Mairie,         200
  68. Baudassé Saturnin, 70 ans, cultiv. 900

1626. Bellonet Jacques, 69 ans, cultivat., 100
1361. Billière Isidore, 59 ans, commis<sup>re</sup>, 200
 931. Boyer Françoise, V<sup>ve</sup>Roques, 67ans,600
1047. Boyer Marie, V<sup>ve</sup> Bellonet, 74 ans, 600
1640. Boudet Jean, 70 ans, cultivateur, 100
1957. Bourniol Françoise, V<sup>ve</sup>Miramond,
        84 ans,                              100
1698. CabrolMarie, V<sup>ve</sup>Estournet, 71 ans, 100
1807. Coulon Marie, V<sup>ve</sup> Roques, 57 ans, 100
 256. Durand Félix, 54 ans, cultivateur, 900
1692. Durand Simon, 67 ans, tonnelier, 10.
 281. Fayet Pierre, 65 ans, cultivateur, 900
 780. Fontenille Marie, V<sup>ve</sup> Bellonet,
        46 ans,                            600
1760. Guiraud Adeline, V<sup>ve</sup> Mimard,
        56 ans,                            200
 368. Lagarde Etienne, 78 ans, cultivat., 800
1556. Laget André, 49 ans, cultivateur, 300
1938. Laget Jacques, 40 ans, commis-
        sionnaire en vins,                 200
1557. Laget Timoléon, 47 ans, boulan<sup>ger</sup>, 300
1740. Lapeyre Etienne, 59ans, ex-coiffeur,100
 677. Maffre Henri, 74 ans, propriétaire, 400
1749. Maffre Pierre, 59 ans, cultivateur, 100
1750. Maffre Pierre, 51 ans, cultivateur, 100
 801. Majory Madeleine, V<sup>ve</sup> Carriès,
        58 ans, cultivateur,               500
 414. Mallet Joachim, 53 ans, cultivat., 800
 415. Mallet Pierre, dit *François*, 57 ans, 800
 416. Marès Esprit, 56 ans, propriétaire, 800
1620. Marty Françoise, V<sup>ve</sup> Baret, 72 ans, 200
 449. Mimard Alexis, 55 ans, cultivat., 800
 467. Navarre Fulcrand, 56 ans, cultiv., 800
1956. Portel Marie, V<sup>ve</sup> Miramond, 72 ans, 100
 560. Roqueblave Etienne, 57 ans, cult., 800
 832. Roques Marie, V<sup>ve</sup> Durand, 76 ans, 600

556. Roques Simon, 60 ans, cultivateur, 800
559. Roques Timoléon, 62 ans, cultiv., 800
601. Servent Antoine, 55 ans, cultivat., 800
1287. Séverac Marie, 45 ans, 500
634. Turriès Pierre, 70 ans, cultivateur, 800
1484. Voisin Auguste, 61 ans, négociant, 300
1918. Voisin Louise, V$^{re}$ Fabre, 49 ans, 100

## MARSILLARGUES

*14 Victimes — 7,200 francs*

816. Bonneton Elisa, V$^{re}$ Combe, 57 ans, 500
1114. Chapel Suzanne, 56 ans, 500
1129. Daumas Edouard, 67 ans, médecin, 400
1146. Encontre Jeanne-Anaïs, 46 ans, 300
261. Encontre Isaac, 55 ans, cultivateur, 800
1147. Encontre Léonidas, 42 ans, 300
1703. Faucon Henri, 58 ans, cultivateur, 100
321. Gilles Antoine, 61 ans, cultivateur, 800
326. Goirand Jacques, 59 ans, canton$^{er}$, 800
198. Gouirand Marie, V$^{re}$ Combe, 60 ans, 800
1551. Hibrat Louis, 66 ans, berger, 300
841. Martin Madeleine, V$^{re}$ Féline, 70 ans, 500
1450. Moulinier Charles, 55 ans, chaudronnier, 300
494. Paut Jean, dit *Perret*, 63 ans, cult., 800

## MAUGUIO

*5 Victimes — 1,600 francs*

37. Ayme François, 82 ans, menuisier, 800
1353. Barrandon Honorine, ép. Valette, 150
1352. Barrandon Lucien, 34 ans, serrur$^r$, 150

896. Maurin Félix, 59 ans, notaire,     500
2048. Richard Magdeleine, V^re Jourdan,
    61 ans,     100

## MAUREILHAN

*9 Victimes — 5,000 francs*

  43. Balaman Etienne, 52 ans, cultiv., 1200
1160. Fangeaud François, 50 ans, épic.,   350
1161. Fangeaud Joseph, 46 ans,     350
 950. Gau Philippine, V^re Serre, 43 ans,   700
 324. Gleyses Jean, 52 ans, limonadier,   900
 431. Mas Jean, 64 ans, cultivateur,   900
1285. Serre Ernest, 32 ans, cultivateur,   200
1284. Serre Jean, 36 ans, cultivateur,   200
1286. Serre Mathilde, 26 ans, cultivat.,   200

## MÉRIFONS

*1 Victime — 300 francs*

1126. Congras Augustin, 43 ans, domest., 300

## MÈZE

*32 Victimes — 15,100 francs*

1486. Algrin Louis, 70 ans, coutelier,   200
1035. Arnal Barthélemy, 44 ans, en-
    tonneur,     300
 895. Azémas Claire, veuve Mauras,
    55 ans, cultivatrice,     500
 772. Baudouin Etienne, 71 ans, tailleur, 800
 777. Beaumadier Marius, 39 ans,
    tonnelier,     100

1358. Beaumadier Numa, 70 ans, négociant en vins,      400
 844. Belmon Marie, V$^{ve}$ Galibert, 43 ans, 600
2050. Bénezech Michel, 26 ans, cultivat., 100
  89. Blayac Jacques, 67 ans, tailleur, 1200
 131. Bouisset Paulin, 78 ans, menuisi$^{er}$, 900
 138. Bourret Cyprien, 71 ans, cordon., 1000
 708. Cartier Ulysse, 66 ans, courtier, 800
 207. Conques Jean, 71 ans, cafetier, 800
1393. Cros Jean, 69 ans, cultivateur, 300
1531. Cros Pierre, 75 ans, cultivateur, 200
 307. Gardy Louis - Alexandre, 62 ans,
   garde-barrière de chem. de fer, 1200
1177. Gervais Marie, V$^{ve}$ Lupy, 49 ans, 300
 330. Granal Pierre, 63 ans, cultivateur, 800
1552. Huc Germaine, V$^{ve}$ Barbezier,
   38 ans, aubergiste,    100
1257. Lallemand Elisabeth, V$^{ve}$ Raumier,
   63 ans,        600
 434. Mauras François, 64 ans, cultivat., 900
1440. Martin Maxime, 55 ans, tonnelier, 200
1953. Michel Marie, femme Caumette,
   29 ans,        50
1954. Michel Paul, 20 ans,   50
1466. Rouaud Marius, 51 ans, scieur de
   long,        400
1820. Rouvier Jacques, 52 ans, cultivat., 100
1913. Serveille Rose, V$^{ve}$ Druilles, 50 ans,
   journalière,     100
1477. Thomas Jacques, 56 ans, cultivat., 200
1478. Thomas Jacques, 65 ans, canton$^{er}$, 200
1299. Véran Abel, 35 ans, tonnelier, 600
1298. Vésan François, 45 ans, tonnelier, 300
 646. Vidal François, 59 ans, cultivat., 800

## MONTADY

*1 Victime — 200 francs*

2029. André Marie, V$^{ve}$ Discort, 63 ans,  200

## MONTAGNAC

*2 Victimes — 700 francs*

1880. Bénezech Jean-Jacques, cultivat.,  100
757. Clergue Marie, V$^{ve}$ Albis, 80 ans,  600

## MONTBAZIN

*6 Victimes — 1,700 francs*

1372. Burg Jean, 58 ans, cultivateur,  200
862. Coulet Marguerite, V$^{ve}$ Guibert,
  71 ans,  600
852. Gely Louis, 60 ans, propriétaire,  800
1813. Rouel Emilie, ép. Chapuy, 17 ans,  33
1814. Rouel Maurice-Junie, ép. Vincent,
  40 ans,  33
1815. Rouel Virginie, ép. Estanier, 31 ans, 34

## MONTBLANC

*54 Victimes — 17,200 francs*

1601. Abbal Antoine, 80 ans, cultivat.,  200
1861. Abbal Jean, 64 ans, cultivateur,  100
1021. Abbal Marcelle, ép. Tournier, 51 ans, 600
1487. Alinat Jacques, 57 ans, cultivat.,  200
1606. Amiel Jacques, 50 ans, cultivateur, 200

1865. Andoque Pierre, 35 ans, cultivat.,   100
1998. Audouard Adèle, V<sup>ve</sup> Ville, 60 ans, 200
36. Aupin Jules, 57 ans, cultivateur,   800
1629. Bergelis Pierre, 75 ans,   100
78. Bertrand Claude, 62 ans, cultivat., 1000
1882. Bezombes Joseph, 69 ans, cultiv.,   100
94. Bonnafy Augustin, 53 ans, cultiv., 900
1645. Bousquet Alexis, 57 ans, domestiq., 200
171. Castan Pierre, 60 ans, cultivateur, 800
178. Caussat Lucien, 62 ans, propriét., 800
919. Daspe Marie, V<sup>ve</sup> Planques, 45 ans, 600
1910. Devès Emilie, ép, Sicard, 23 ans,   100
1687. Devès Jean, 56 ans, cultivateur,   100
1688. Devès Paul, 74 ans, cultivateur,   100
1723. Devès Rosalie, V<sup>ve</sup> Granié,   200
1917. Drillé Marie, V<sup>ve</sup> Fabre, 60 ans,   100
1693. Dustou Justin, 50 ans, cultivateur, 100
1952. Fouliat Anne, V<sup>ve</sup> Mellet, 64 ans,   100
885. Fouliat Anne, V<sup>ve</sup> Lautrec, 61 ans, 600
292. Fouliat Jean, 65 ans, bourrelier,   800
1706. Fourcail Antoine, dit *Castillon*,
 69 ans, cultivateur,   200
1924. Fourcail Jacques, dit *Tétet*,   100
293. Fourcail Joseph, dit *Castillon*,
 71 ans, cultivateur,   800
1708. Franquine Pierre, cultivateur,   100
1709. Fulcrand Bernard, 74 ans, cultiv.,   100
1710. Fulcrand Jean, 68 ans, cultivateur, 100
1711. Fulcrand Pierre, 52 ans, cultivat.,  100
1181. Gibert Charles, 26 ans, instituteur, 200
1180. Gibert Claire, 36 ans,   200
1718. Giraud André, 63 ans,   100
1999. Giraud Elisabeth, V<sup>ve</sup> Villeneuve,
 69 ans,   100
1743. Latreille Adore, 72 ans, cultivateur, 100
1948. Martin Claire, ép. Niel, 50 ans,   100

419. Martin André, dit *Mitraille*, 59
    ans, cultivateur, 800
1567. Mellet Baptiste, 69 ans, cultivat., 200
1758. Meunier Pierre, 64 ans, cultivat., 100
1767. Niel Paul, 57 ans, cultivateur, 200
 473. Nouguier Marcel, 65 ans, cultiv., 1000
1769. Nouguier Zéphelin, 62 ans, cultiv., 100
1777. Pailhès Amédée, 70 ans, propriét., 100
1778. Pailhès Michel, 54 ans, cultivat., 200
2005. Pioch Bénigne, 57 ans, cultivat., 600
1787. Prades Jean, 60 ans, cultivateur, 100
 842. Prades Marie, V^{ve} Fulcrand, 66
    ans, propriétaire, 800
1258. Ravaille Michel, 35 ans, cultivat., 500
 549. Rolland Jean, 52 ans, négociant et
    maire, 800
1819. Routier François, 73 ans, cultivat., 100
1980. Sagnes Jean, 43 ans, commission^{re}, 100
1837. Tary Guillaume, 76 ans, 100

## MONTFERRIER

*10 Victimes — 2,200 francs*

109. Bouton Jean, 61 ans, cultivateur, 800
259. Durand Noël, 77 ans, cultivateur, 800
1646. Gautier Marie, V^{ve} Bouton, 59 ans, 100
1329. Lafont Antoine, 44 ans, cultivateur, 40
1326. Lafont Jean, 48 ans, cultivateur, 40
1327. Lafont Jeanne, 47 ans, cultivatrice, 40
1328. Lafont Jeanne, 45 ans, cultivatrice, 40
1330. Lafont Louis, 42 ans, cultivateur, 40
1573. Pieyre Pierre, dit *Geysse*, 54 ans,
    propriétaire, 200
1575. Planque Jean, 63 ans, cultivateur, 100

## MONTOULIERS

*6 Victimes — 3,600 francs*

67. Bastide Charles, dit *Prince*, 57 ans, cafetier,　900
459. Mondié Henri, 49 ans, propriét.,　800
460. Mondié Jean, dit *Gentil*, 70 ans, propriétaire,　800
1828. Senegas Antoine, 53 ans, cultivat., 100
1829. Senegas Marie, ép. Mondié, 30 ans, 100
645. Vermesco Jean, 51 ans, receveur-buraliste,　900

## MONTPELLIER

*114 Victimes — 50,660 francs*

1022. Aberlin Victor, 56 ans, sculpteur,　600
660. Alinat Pierre, 52 ans, cordonnier,　700
662. Ansuque Jean, 61 ans, cultivateur, 700
663. Anterrieu Pierre, dit *Dieudonné*, 60 ans, avocat,　800
1866. Anterrieu Emile, 64 ans, conseiller général,　100
664. Arnaud Alippe, 53 ans, cultivateur, 700
29. Aubagnac Jean, 63 ans, cloutier,　1000
977. Bainet Claire, V$^{ve}$ Vigié, 65 ans,　500
2024. Balard Jacquette, ép. Bonnet, 30 ans, 300
1618. Bardou Louis,　100
1875. Barlet Gaston, 50 ans, secrétaire de police,　100
54. Barthe Basile, 70 ans, fileur,　800
1631. Bertrand Scipion, 59 ans, peintre, 200
1362. Blanc Justin, 55 ans, serrurier-ajusteur,　300

1634. Blaquière Antoine, 66 ans, cafetier, 100
 700. Bonnal Auguste, m<sup>d</sup> de meubles,   800
1062. Bonnariq Isabelle, 19 ans,             200
1061. Bonnaric Paul-Antoine, 34 ans,    200
1065. Boubals Magdeleine, V<sup>ve</sup> Boyer,
        46 ans, domestique,             300
 874. Boucassert Magdeleine, V<sup>ve</sup> La-
        croix, 68 ans,                    600
 134. Bourdel François, dit *Cagarel*,   1100
 988. Bouviala Jean, 60 ans, commis,    400
1368. Boyer Edmond, 50 ans, avocat,     200
 112. Bresson Félix, 73 ans, entrepo-
        seur de bière,                   1000
1891. Brives Elisabeth, ép. Teissonnier,
        39 ans, marchande de modes,     400
2053. Brun Antoine, 76 ans, boucher,    100
 968. Brun Rose, V<sup>ve</sup> Verdier, 71 ans,
        marchande de journaux,          600
 731. Cambon Catherine, V<sup>ve</sup> Mazuc,
        72 ans, journalière,           1000
1893. Campet Paul, 54 ans, tailleur,     100
 904. Carrière Marie, V<sup>ve</sup> Mela, 74 ans,  700
 781. Caubet Marie, V<sup>ve</sup> Berideau, 74
        ans, concierge,                  600
 709. Cavani Jacques, 76 ans, médecin,  800
1109. Chapel Barthélemy, 57 ans, cultiv., 900
 920. Chauris Marguerite, V<sup>ve</sup> de Plos,
        55 ans, couturière,             600
 195. Claparède Antoine, 71 ans,         900
1124. Clauson Charles, 34 ans, boucher, 166
1123. Clauson Marie, 44 ans,            167
1675. Combès Jean, 51 ans, voyageur de
        commerce,                        100
1790. Coste Jeanne, V<sup>ve</sup> Ravaille, 57 ans,
        blanchisseuse,                   100
1677. Coste Louis, 68 ans, serrurier,    200

1978. Dalard Louise, V^{re} Rouzié,              200
 671. Decamp Léon, 56 ans, employé
        aux chemins vicinaux,              700
1136. Deloustan Jeanne, ép. Geoffre,
        43 ans,                           300
1320. Deloustan Joseph, 72 ans, agent
        de police,                        800
1135. Deloustan Pierre, 59 ans, brigadier
        des gardes-champêtres,            300
 240. Delrieu Rosine, ép. Redon, 54 ans, 1000
1047. Dezon Jeanne, V^{re} Falgairettes,
        78 ans,                           300
1013. Do Marie, V^{re} Lyon,              600
 783. Ducailar Bathilde, V^{re} Bernard
        dit *Bernady*, 69 ans,            600
1145. Dumas François, 45 ans, agent de
        police,                           166
 253. Dupy Jean, dit l'*Abbé*, 77 ans, cor-
        donnier,                         1200
1165. Durville Jeanne, V^{re} Fulcrand,
        60 ans,                           600
 548. Esprit Henri, dit *Roch*, 52 ans,
        colleur de papiers,              1000
1155. Fages François-Raphaël, 39 ans,     125
1157. Fages Jean-Emile, 34 ans,           125
1158. Fages Marianne, 31 ans,             125
1156. Fages Marie-Antoinette, 37 ans,     125
1536. Fagles Eugène, 50 ans, domestiq.,   200
 290. Fouliat Pierre, 77 ans,            1000
1468. Fountès Jeanne, V^{re} Hatot, 69 ans, 200
 300. Frontier Philippe, 51 ans, charret., 400
1415. Gazave Marius, 55 ans, mercier,     200
 855. Gavaldant Jeanne, V^{re} Girardot,
        63 ans, lessiveuse,               600
1547. Girard Isidore, adjoint au Maire,   100
1728. Guillet-Régis, teinturier-dégrais^{r}, 100

905. Icard Jeanne, V$^{ve}$ Mercier, 82 ans, 400
1424. Ignac Etienne, 63 ans, concierge, 400
1396. Jeanne , V$^{ve}$ Daumas , 47 ans,
     domestique, 300
1331. Laissac Marguerite, V$^{ve}$ Nègre, 100
378. Larmet Jean, 64 ans, cordonnier, 800
956. Lautier Marguerite, V$^{ve}$ Tabourien,
     65 ans, revendeuse, 600
380. Laurès André, dit *Barbès*, 64 ans,
     garde-champêtre, 800
1562. Leroux Jean, 59 ans, serrurier, 200
2067. Lisbonne Eugène, 63 ans, avocat, 100
1947. Martin Céleste, 60 ans, gérante
     d'un bureau de tabac, 100
1951. Mazini Pierre, 68 ans, ex-marbrier, 100
1223. Milhau Pierre, 54 ans, épicier, 800
457. Molinier François, 59 ans, peintre, 800
1763. Montel Pierre, 52 ans, tailleur de
     pierres, 200
1764. Moulinier Jean, 55 ans, cordonni$^{er}$, 200
480. Pagès Jean-Jacques, 70 ans, cultiv., 900
485. Papaire Jean, 72 ans, cordonnier, 900
1422. Pastourel Joséphine, V$^{ve}$ Guerre,
     39 ans, 200
2061. Paulet François, 82 ans, ex-me-
     nuisier, 100
1240. Peyre Laurencie-Reine, 50 ans, 350
1239. Peyre Sophie, 58 ans, 350
1244. Plantel Antoine, 44 ans, cultivat., 234
1245. Plantel Jeanne, 30 ans, 233
1242. Pibre Marie-Rose, femme Vaillière,
     37 ans, ménagère, 500
1966. Pigot Louis, 52 ans, 100
2036. Poujol Marie, V$^{ve}$ Bousquet, 49 ans, 100
514. Pradal Jean, dit de *Rose*, 54 ans,
     mineur, 1000

744. Raymond Gustave, 71 ans, banqui<sup>er</sup>, 900
1791. Raymond Léonidas, 56 ans,        100
 529. Redon Louis, 66 ans, entreposéur
       de tabacs,           1000
1582. Reissent Jean, 57 ans, maçon,    1000
 535. Rey Andre, 61 ans, cultivateur,    900
1799. Rieufrégier Michel, chef de bureau
       à la Préfecturs,         100
 687. Rodière Anatole, 62 ans, typograp<sup>he</sup>, 600
1340. Rouché Léon, avocat,         100
1019. Sicard Joséphine, femme Lavit,
       50 ans,           800
1832. Soubeiran Edouard, 65 ans, typog<sup>e</sup>, 100
 616. Tarbouriech Jean, dit *Gentil*, 61 ans,
       tondeur,          200
2047. Teissonnière Charlotte, V<sup>ve</sup> Ducros,
       62 ans, lingère,        100
1839. Teule Félix, 54 ans, fabr. de chai<sup>ses</sup>, 100
1844. Trautwein Louis,         100
1293. Trescot Jean-Mathieu, 32 ans,    700
1969. Tricou Marie, V<sup>ve</sup> Robert, 67 ans,   100
1295. Vaché Pierre, 64 ans, cordonnier,   400
 765. Vaires Marie, V<sup>ve</sup> Balestrier,     600
 928. Veroly Marie, V<sup>ve</sup> Querelle 70 ans,
       quincaillier ambulant forain,   500
1987. Viau Noël,         100
 754. Vidal-Naquet Gustave, 55 ans,
       négociant en vins,       800
 656. Viguier Pierre-Marc, 60 ans,     800

## MUDAISON

*6 Victimes — 2,700 francs*

 132. Boulet Vital, 65 ans, cultivateur,   800
1569. Montel Antonin, 67 ans, garde-
       champêtre,         200

1958. Montel Joseph, 60 ans, cultivateur, 200
795. Plane Elisabeau, V^{ve} Calage, 77 ans, 600
682. Pons François, 58 ans, cultivateur, 700
1598. Vialla Michel, dit *Moustache*, 72
  ans, cultivateur, 200

## MURVIEL

*1 Victime — 200 francs*

1419. Granier Augustin, 50 ans, cultiv., 200

## MURVIEL-LÈS-BÉZIERS

*1 Victime — 600 francs*

803. Donnadieu Marguerite, 55 ans,
  V^{ve} Cassan, 600

## NÉBIAN

*1 Victime — 500 francs*

953. Marot Basilisse, V^{ve} Sigé, 45 ans,
  cordière, 500

## NEFFIÈS

*6 Victimes — 4,000 francs*

102. Bousquet Emmanuel, 63 ans, cult., 800
939. Huc Marie, V^{ve} Rouzière, 62 ans, 600
1446. Montagné Simon, 61 ans, canton^{er}, 200
481. Pagès Jules, 55 ans, maçon, 900
563. Roudier Antoine, 67 ans, cultivat., 900
903. Rouzière Marie, V^{ve} Mazet, 65 ans, 600

## NÉZIGNAN-L'ÉVÊQUE

*28 Victimes  —  14,100 francs*

1602. Abéroux François, 71 ans, cultiv., 200
   1. Abéroux Jean, 67 ans, cultivateur, 900
1607. André Firmin, 49 ans, commis-
      sionnaire en vins,                  100
1490. André Jean, dit *Cabasse*, 68 ans,
      cultivateur,                        300
  17. André Jean, dit *Pipette*, 64 ans,
      cultivateur,                        900
  74. Benau Jacques, 69 ans, propriét.,   800
1647. Bouttes Félix, 51 ans, agriculteur, 100
1648. Bouttes Jean, 64 ans, agriculteur,  100
 229. Daudé Dominique, 65 ans, cultiv.,  1000
1908. Decamp Edouard, 47 ans,            200
 827. Delmas Marie, Vᵛᵉ Daudé, 63 ans,   600
 268. Estournet Louis, 72 ans, cultivat., 900
 272. Fabre Jacques, dit *Cambe de Gal*,
      64 ans, cultivateur,               1000
1701. Fabre Jean, 56 ans, cultivateur,    100
 866. Henri Catherine, Vᵛᵉ Brunet, 53 ans, 700
1208. Louis Léopold, dit le *Beau*, 65
      ans, fournier,                      800
1775. Pagès Jacques, 59 ans,             100
1776. Pagès Noël, 59 ans, cultivateur,   100
 489. Pastre Joseph, 62 ans, cultivateur, 800
1583. Renaud, de Pagès, dit *Cadet Jac-*
      *ques*, 63 ans, cultivateur,        300
1825. Savy Hippolyte, 63 ans, crieur publ., 200
 594. Savy Joseph, 61 ans, cultivateur,  800
1283. Savy Laurent, 73 ans, propriétaire, 800
1826. Seguier Esprit, de Combal, 51 ans,
      agriculteur,                        100
 597. Seguier Jacques, 69 ans, cultivat., 900

603. Silhol François, 53 ans, cultivat., 900
1307. Vidal Clément, 34 ans, cultivateur, 300
1852. Vié Antoine, 62 ans, cultivateur, 100

## NIZAS

*4 Victimes — 3,500 francs*

133. Bourbillière Gabriel, 52 ans, cult., 1000
165. Carrière Calixte, 60 ans, cultivat., 900
463. Montaignac Isidore, 68 ans, prop., 800
520. Puel Hippolyte, 55 ans, taillandier, 800

## NISSAN

*7 Victimes — 5,000 francs*

189. Champagnol Célestin, 57 ans, cult., 900
2011. Déjeant Albanie, ép. Fraisse,
    42 ans, 600
921. Desenfants Marguerite, V$^{ve}$ Pomarède, 63 ans, 600
509. Portalier Louis, 75 ans, postillon, 800
585. Salvetat Jean, 68 ans, cultivateur, 1000
588. Sanjoux Louis, 60 ans, crieur
    public, 900
1479. Tournès Joseph 60 ans, tailleur
    d'habits, 200

## OLONZAC

*11 Victimes — 3,334 francs*

1533. Escande Antoine, 72 ans, ex-
    géomètre du cadastre, 200

1404. Espeut Jacques, 67 ans, limonad.,   200
1009. Grasset Adrien, 51 ans, pâtissier,   334
1638. Pagès Marie, V<sup>ve</sup> Bonnes, 77 ans,   100
1962. Paloque Pierre, 61 ans,            100
1461. Rieux Louis, 65 ans, anc. bottier,   200
 811. Rieux Suzanne, V<sup>ve</sup> Chanard,
      77 ans,                     600
2007. Rouanet François, 64 ans, menui-
      sier à Oupia,             200
1256. Salvetat Albine, V<sup>ve</sup> Puel, 71 ans,   600
1282. Santy Armandine, ép. Iché, 46 ans, 300
 799. Vergnes Anne, V<sup>ve</sup> Carretier, 67 ans, 500

## PARDAILHAN

*2 Victimes   —   1,100 francs*

1381. Cathala Michel, 71 ans, cultivat.,   300
 374. Landes Joseph, propriétaire à
      Rodomouls,             800

## PAULHAN

*11 Victimes   —   4,800 francs*

  32. Audemart Modeste, 84 ans, platr<sup>r</sup>, 1200
  80. Bertrand Jean, 65 ans, propriét.,   800
1881. Bertrand Joseph, 62 ans, propriét., 100
1886. Bouisson Benjamin, 69 ans, prop., 100
1321. Clergue Catherine, V<sup>ve</sup> Ducel,
      63 ans,                   600
1672. Clergue Joseph, 65 ans, propriét.,   100
1681. Cros Joseph, 56 ans, cultivateur,   100
 312. Gaujoux Jean, 60 ans, propriétaire, 800
1673. Nègre Elisabeth, V<sup>ve</sup> Colombier,
      58 ans,                   200

846. Nougarèdes Anne, V<sup>ve</sup> Gardelle, 69 ans,   600
1810. Villaret Rose, V<sup>ve</sup> Roubaud, 72 ans, sage-femme,   200

## PÉZENAS

*81 Victimes — 42,850 francs*

661. André Antoine, 51 ans, homme de peine,   700
16. André Etienne, dit *Paretto*, 64 ans, portefaix,   900
1030. André François, 44 ans, homme de peine,   200
1031. André Jacques, dit *Blaise*, 40 ans, 200
1029. André Louise, ép. Audouy, 49 ans, 200
957. Audouard Marie, V<sup>ve</sup> Taissier,   600
1621. Barthélemy Marc, 54 ans, commis-placier,   200
65. Bassas François, 61 ans, cultiv.,   900
1127. Beloury, V<sup>ve</sup> Cosmes, 63 ans,   400
75. Bénézech Esprit, 69 ans, marchand, 800
878. Bernard Rose, V<sup>ve</sup> Lauras, 45 ans, 300
1771. Bertrand Angélique, V<sup>ve</sup> Culier, 63 ans, journalière,   100
85. Blanc Jean, 63 ans, forgeron,   1200
793. Boivin Marguerite, V<sup>ve</sup> Bringuier, 57 ans,   600
92. Bonnafous Justinien, 63 ans, plat<sup>r</sup>, 1200
1504. Bonnaric Louis, 61 ans, tonnelier, 300
95. Bonnemarie Michel, dit le *Lard*, 56 ans, tonnelier,   1200
1068. Boucheron Jean, 51 ans,   200
1067. Boucheron Marie, 53 ans,   200

1069. Boucheron Raymond, 34 ans, 200
879. Bouisset Rose, V<sup>ve</sup> Lauras, 45 ans, 200
113. Bribes Louis, 68 ans, vannier, 800
115. Bringuier François, 63 ans, coiffeur, 900
1373. Cabot Joseph, 66 ans, postillon, 200
153. Cambon Etienne, 50 ans, platrier, 1200
154. Cambon Hippolyte, 53 ans, platrier, 1100
1098. Cavallier Laurent, 54 ans, épicier, 300
1099. Cavallier Marie, ép. Savy, 43 ans,
    journalière, 300
2028. Cavallier Pierre, 61 ans, marchand
    de faïence, 100
1386. Cazal Jean, 67 ans, maçon, 100
1481. Cazals Marianne, V<sup>ve</sup> Valadou,
    77 ans, 400
945. Fabre Catherine, V<sup>ve</sup> Savy, 70 ans,
    journalière, 500
1390. Fréguier Marie, V<sup>ve</sup> Combès, 50
    ans, journalière, 300
1538. Garbal Paul, 46 ans, cultivateur,
    garde-champêtre, 400
1714. Gautou Louis, 68 ans, voiturier, 100
1757. Gazet Justine, ép. Maury, 64 ans, 100
319. Gervasy Claire, 72 ans, 600
320. Gervasy Marie, 70 ans, 600
817. Gigou Marguerite, V<sup>ve</sup> Combes-
    cure, 62 ans, 500
1548. Gondange Baptiste, 72 ans, tonnel<sup>r</sup>, 400
1719. Gondange Cyprien, 55 ans, em-
    ployé d'octroi, 200
1549. Gondange Jean, 82 ans, tonnelier, 400
1928. Gros Louis, 63 ans, cultivateur, 100
364. Labat Jacques, 63 ans, propriét., 800
1427. Lacroix Jean, 71 ans, cordonnier, 300
1641. Lacroix Marie, V<sup>ve</sup> Bouillon, 65
    ans, couturière, 100

880. Lauras Rose-Louise, 22 ans, 300
755. Marie Jeanne, V<sup>ve</sup> Abbal, 80 ans, 600
421. Martin Etienne, 69 ans, cultivat., 900'
437. Maury Bernard, 71 ans, potier, 800
1216. Maury Jean, 44 ans, potier, 150
1215. Maury Marie-Antoinette, 48 ans,
     couturière, 150
1217. Mary Marie-Justine, 34 ans, cout<sup>re</sup>, 150
1528. Maury Rose, V<sup>ve</sup> Combès, 58 ans, 200
442. Méric Jean, 62 ans, maçon, 800
678. Milhau Jean, 55 ans, directeur
     de l'usine à gaz, 800
458. Molinier Louis, 68 ans, cultivateur, 900
2019. Monestier Baptiste, 54 ans, platrier, 300
477. Oullier Dominique, 52 ans, cultiv., 900
197. Pailhès Rose, V<sup>ve</sup> Combes, 80 ans, 1000
1241. Peyre Marianne, ép. Serrié, 36 ans, 600
963. Régis Jeanne, V<sup>ve</sup> Triadou, 68 ans, 800
1264. Robert Jean, 61 ans, platrier, 200
573. Ronzier Alexandre, 58 ans, ca-
     mionneur, 1000
1587. Roques Vincent, 63 ans, rentier, 800
591. Savy Antoine, dit *Castelnau*, 70
     ans, cultivateur, 800
593. Savy Félix, 60 ans, portefaix, 1000
1821. Senega Sylvie, V<sup>ve</sup> Sales, 55 ans,
     rempailleuse, 400
954. Serrié Catherine, V<sup>ve</sup> Simon, 68 ans, 600
206. Singla Anne, V<sup>ve</sup> Combescure,
     68 ans, couturière, 800
604. Singla Simon, 62 ans, garde-
     champêtre, 800
606. Soubrié Jean, dit *Tambour*, 63
     ans, platrier, 800
1475. Soulignac François, 64 ans, cultiv., 100
851. Taissier Antoinette, V<sup>ve</sup> Gelly, 60
     ans, marchande de poissons, 600

969. Tauriac Marie, V<sup>ve</sup> Vergnes, 59 ans, 600
618. Taussac Gabriel, 57 ans, cultivat., 800
619. Taussac Jean, 51 ans, cultivateur, 800
620. Taussac Pierre, 70 ans, cultivateur, 800
1655. Vidal Catherine, V<sup>ve</sup> Campagnac,
      64 ans,               200
1599. Vieules Guillaume, 62 ans, cultiv., 200
823. Villa Françoise, V<sup>ve</sup> Courtois,    100

## PIERRERUE

*3 Victimes — 1,100 francs*

1406. Fabre Louis, 50 ans, cultivateur à
      Combejean,             200
1967. Planès Marceline, ép. Signorel,
      25 ans,              100
641. Verdier Guillaume, 68 ans, cultiv., 800

## POILHES

*1 Victime — 600 francs*

848. Senaux Marie, V<sup>ve</sup> Gayzard, 71 ans, 600

## POMEROLS

*4 Victimes — 3,000 francs*

81. Besse Louis, 64 ans, propriét.,   1100
287. Fontaine Maurice, 61 ans, cultiv.,  900
1555. Guilhaudin Marie, V<sup>ve</sup> Jarlié, 62 ans, 200
498. Perrin Jean, 62 ans, cultivateur,   800

## PORTIRAGNES

*7 Victimes — 5,900 francs*

11. Alibert Jean, 52 ans, cultivateur, 1000
248. Donnadieu Louis, 63 ans, cultivat., 800
313. Gauthier Jean, 53 ans, cultivateur, 900
325. Glossel Jean, 74 ans, cultivateur, 800
336. Grès Philippe, 66 ans, cultivateur, 800
345. Hermein Joseph, 67 ans, boulang$^{er}$, 800
452. Miquet Barthélemy, 69 ans, cultiv., 800

## LE POUGET

*1 Victime — 400 francs*

1411. Fournier Gustave, 66 ans, médecin, 400

## LE POUJOL

*1 Victime — 200 francs*

1493. Azaïs Pierre, 55 ans, sabotier, 200

## POUSSAN

*8 Victimes — 4,200 francs*

1045. Beaulac Louise, 60 ans, 600
667. Blayac François, 79 ans, cultivat., 700
201. Boissier Claire, V$^{ve}$ Combes, 76 ans, 1200
1920. Fisquet Jean, 43 ans, cultivateur, 100
1416. Gervais Jean, 73 ans, épicier, 200
1936. Jalabert Raymond, 54 ans, cultiv., 100
1576. Planques Jean, 56 ans, cultivat., 400
553. Roque Pierre, 66 ans, cultivateur, 900

## POUZOLLES

*18 Victimes — 10,100 francs*

1094. Castan Clovis, 38 ans, cultivateur, 300
1095. Castan Pierre, 23 ans, cultivateur, 300
 979. Couronne Marie, V$^{ve}$ Viguier, 56 ans, 800
2002. Courseilles Joseph, 59 ans, agent
      rural, 800
 233. Decut Benoit, 54 ans, cultivateur, 800
 716. Gély Etienne, 50 ans, cultivateur, 800
 317. Gelly Henri, dit *Tuscaires*, 63 ans,
      cultivateur, 800
1428. Lapart Joseph, dit *Simon*, 63 ans,
      propriétaire, 400
 381. Laurès Antoine, 57 ans, tailleur, 800
1558. Laurès Cyprien, 50 ans, cultivat., 200
 721. Laurès Victor, dit *Gambette*, 55 ans,
      cultivateur, 800
1754. Mas Joseph, 53 ans, plâtrier, 100
 443. Mestre Jean, dit *Dobre*, 57 ans,
      cultivateur, 100
1443. Mestre Pierre, dit *Dobre*, 59 ans,
      berger, 200
 523. Pujol Constant, 51 ans, propriét$^{re}$, 900
1335. Pujol Victor, 73 ans, propriétaire, 600
 887. Teissié Rose, V$^{ve}$ Lignon, 52 ans, 600
 655. Viguier Joseph, dit *le Loup*, 53 ans,
      maçon, 800

## PRADES

*1 Victime — 900 francs*

2. Affres André, 71 ans, cultivateur, 900

## PRÉMIAN

*5 Victimes — 1,734 francs*

1367. Boyer François, 64 ans, ex-menui-
     sier, cultivateur,         200
 289. Fontès Jean, dit *le Pétard*, 55 ans,
     apprêteur de draps,       900
1413. Gabanon Ollivier, 76 ans, ex-ser-
     rurier,            300
1211. Maurel Jean, fileur,       234
1809. Rouanet Jean, 68 ans, fileur,   100

## PUIMISSON

*12 Victimes — 7,500 francs*

 972. Bonnet Elisabeth, VᵛᵉVialles, 70 ans, 600
1894. Cance Pierre, 50 ans, cultivateur,  100
 159. Cance Pierre, 61 ans, cultivateur, 800
 269. Fabre Antoine, 51 ans, cultivateur, 900
 270. Fabre Bernard, 51 ans, propriét.,  900
 714. Fraissines Etienne, 78 ans, cultiv., 800
1959. Gaillard Claire, Vᵛᵉ Mouls,     100
1172. Gelly Joseph, 73 ans, cultivateur, 500
 722. Laulre Etienne, dit *Gabachon*, 65
     ans, maçon,           800
1442. Mestre Martin, 66 ans, propriét.,  400
 733. Pagès Paul, 61 ans, journalier,  800
 511. Poujad Jacques, 54 ans, cultivat., 800

## PUISSALICON

*13 Victimes — 8,200 francs*

71. Beligou Guiraud, 76 ans, tailleur,  900
1097. Causse Marie, femme Escot, 48 ans,600
2040. Delhon Marie-Rose-Emilie, 60 ans, 100
1319. Delhon Prosper, 68 ans, médecin, 300
2039. Delhon Prosper, 67 ans,          100
1137. Desplats Auguste, 50 ans, cultiv.,  900
1166. Ganidel Emile,                    600
1167. Ganidel Gabriel,                  500
447. Mignonat Guiraud, 54 ans, cultiv., 900
448. Mignonat Jean, dit *Jeannet*, 60 ans,
       cultivateur,                     800
1247. Platet Pierre, 45 ans, cultivateur,  600
525. Rabaud François, 67 ans, cultiv.,  900
1020. Turriès Marie, femme Carrière,
       35 ans,                          1000

## PUISSERGUIER

*16 Victimes — 8,300 francs*

1041. Barthélemy Louis, 42 ans, cultiv., 600
76. Bernard Paul, 66 ans, cultivateur,1000
96. Bonnet André, 63 ans, cordonnier,1000
2034. Bourdel Baron, 73 ans, tisserand, 100
1691. Dunom François, 36 ans, maçon, 100
1705. Fil Pierre, 68 ans, cultivateur,   200
339. Guilhaumon Chrysostôme, 55 ans,
       fabricant de chaux,              800
423. Martin Jacques, 64 ans, cultivat.,  900
923. Martin Marie, Vᵛᵉ Poux, 52 ans,   600
908. Meynadier Marie, Vᵛᵉ Mouls, 51 ans,600

1785. Poux César, 300
 513. Poux Jean, 53 ans, cultivateur, 900
 533. Réveil Marie, V<sup>ve</sup> Souquet, 51 ans,
    domestique, 900
1586. Robert Bernard, 55 ans, ancien
    conducteur de voitures, 200
 608. Saulières Augustin, 69 ans, cult., 1000
2041. Thomas Jean, cultivateur, 100

## QUARANTE

*18 Victimes — 12,200 francs*

 897. André Marie, V<sup>ve</sup> Maury, 64 ans, 600
 174. Cathala Jean, dit *Cordier*, 55 ans,
    cultivateur, 600
 249. Drueil Jean, 57 ans, propriétaire, 800
 782. Espitalier Elisabeth, V<sup>ve</sup> Berland,
    58 ans, 600
 840. Feau Angèle, ép. Cabanes, 30 ans, 600
1704. Fil Jean, 37 ans, cultivateur, 400
1004. Garrigenc Pierre, 34 ans, cultivat., 800
 366. Laffite Pierre, 55 ans, cultivateur, 900
 372. Lamur André, 68 ans, tourneur, 1000
 413. Malaterre Jacques, 62 ans, cultiv., 800
1086. Maury Alexandrine, V<sup>ve</sup> Cailhavel,
    53 ans, 600
1226. Miquel Philippine, 40 ans, 150
 476. Ornière Amans, 70 ans, cultivateur, 900
1782. Planès François, 55 ans, tailleur
    d'habits, 200
 516. Pradal Paul, 54 ans, propriétaire, 1000
 948. Rouanet Rose, V<sup>ve</sup> Segin, 67 ans, 600
1268. Roussel Louis, 31 ans, serrurier, 600
 595. Seguier Bernard, dit *Manche-Sal*,
    dit *Cantarin*, 63 ans, cultivat., 900

## RIOLS

*34 Victimes — 19,200 francs*

771. Augé Françoise, V<sup>ve</sup> Barthès, 57 ans, 600
40. Baccou Jean, dit *La Roussille*, 71 ans, cordonnier,     900
665. Barthès Baptiste, dit *Canardé*, 70 ans, maçon,     800
1354. Barthès Jacques, 65 ans, maçon,   300
61. Barthès Joseph, dit *Auzias*, 70 ans, aubergiste,     900
1356. Barthès Séverin, 62 ans, pareur de draps,     200
93. Bonnafous Louis, 71 ans, maçon, 1100
2051. Bourdel Michel, 45 ans, tisserand, 100
1888. Bourdel Pierre, 58 ans, sabotier,   100
1087. Cailhavel Gabrielle, V<sup>ve</sup> Barthez, 52 ans, journalière,     600
2027. Cauquil Jean, dit *Fonclare*, 62 ans, ex-pareur de draps,     200
935. Clavel Marie, V<sup>ve</sup> Rouanet, 75 ans, 600
225. Cros Martial, dit *Boulot*, 55 ans, menuisier,     900
976. Cullié Rose, V<sup>ve</sup> Vieu, 57 ans,     600
1412. Francès Pierre, 62 ans, tisserand, 200
1168. Garrigau Etienne, 59 ans, tisserand, 400
770. Garriguenc Rose, V<sup>ve</sup> Barthès, 72 ans,     600
338. Guibbert Pierre, 61 ans, maçon, 800
1730. Guiraud Jacques, dit *Garrigue*, 51 ans, perruquier,     100
353. Jammes Victor, 51 ans, menuisier, 800
1195. Joucla Eugène-Auguste, 21 ans,   300
1196. Joucla Pierre-Joseph, 15 ans,   300
396. Lignon François, 46 ans, préposé des douanes à Estarrac,     400

397. Lignon Paschal, 43 ans, tisserand, 400
861. Mas Rose, V<sup>re</sup> Gros, 58 ans, 600
1772. Oustric Philippe, 52 ans, tisserand, 100
486. Paris Adolphe, 76 ans, officier de
     santé, 1100
524. Rabaud Etienne, 66 ans, tailleur, 800
1467. Rouanet Jacques, 77 ans, ex-
     pareur de draps, 200
1808. Rouanet Jacques, 53 ans, propriét., 100
1972. Rouanet Pierre, 100
1476. Tailhades Armand, 64 ans, affileur,
     chef d'atelier, 400
614. Tarbouriech Etienne, dit *Plumet*,
     68 ans, brassier, 800
617. Tarbouriech Raymond, 56 ans,
     boulanger, 800

## ROUJAN

*38 Victimes — 21,500 francs*

1603. Affre Calixte, 49 ans, cultivat., 200
1864. Alquier Etienne, tartrier, 100
  14. Alquier Jean, 50 ans, cultivateur, 1000
787. Arnaud Marthe, V<sup>re</sup> Boulsier, 79 ans, 600
  33. Azéma Louis, 58 ans, boulanger, 1000
  97. Bonnet André, 68 ans, cultivat., 1000
763. Boulsié Marie, V<sup>re</sup> Azéma, 60 ans,
     cultivatrice, 600
139. Bousquet Adrien, 54 ans, roulier, 1000
2018. Bousquet Delly, 28 ans, matelot, 300
2017. Bousquet Ernestine, 24 ans, 300
1736. Bousquet Marie, V<sup>re</sup> Laudou, 200
936. Buard Ursule, V<sup>re</sup> Rouaret, 60 ans, 600
707. Calas Marie, femme Audibert,
     42 ans, 500

2057. Cellier Augustin, 59 ans, cordon<sup>er</sup>, 100
1983. Cellier Marie, V<sup>ve</sup>Terrisse, 45 ans, 100
1101. Cellier Marie, femme Roques, 23 ans, 600
 191. Chauris Charles, 53 ans, boulang<sup>er</sup>, 800
1128. Courtès Abel-Emile, 31 ans, 600
 230. Debrus Pierre, 59 ans, cultivat., 900
 912. Decuc Marie, V<sup>ve</sup> Pélegry, 69 ans,
      propriétaire, 600
1697. Espic Augustin, 65 ans, cultivat., 800
1707. Fourcand Jules, 55 ans, cultivateur-
      tartrier, 200
 910. Fournier Rose, V<sup>ve</sup> Parat, 62 ans, 600
 341. Guiraud Joseph, 51 ans, cultivat., 900
 911. Lautord Emilie, V<sup>ve</sup> Paulignan,
      67 ans, 600
1909. Magnan Amélie, V<sup>ve</sup> Dessup,
      46 ans, 100
 433. Mas Pierre, 57 ans, cultivateur, 800
 461. Monjeaux Jules, 57 ans, cultivat., 1000
1229. Monjeaux Laurence, 55 ans, 600
1455. Nougaret Théodore, 56 ans, cultiv., 200
 483. Panis Auguste, 54 ans, cultivat., 900
1784. Poncet François, 51 ans, maçon, 100
 512. Poulaud Pierre, 55 ans, cordon<sup>er</sup>, 800
 539. Ricard Jean, 78 ans, cultivateur, 800
 590. Savy Alphonse, 53 ans, cultivat., 900
 638. Vassas Barthélemy, boucher, 42
      ans, 150
 639. Vassas Benjamin, 37 ans, confiseur, 150
 653. Vieulles Jacques, 54 ans, cultivat., 800

## SAINT-ANDRÉ-DE-SANGONIS

*3 Victimes — 1,900 francs*

 218. Cristol François, 55 ans, propriét., 800
 493. Paullier Hippolyte, 72 ans, teint<sup>r</sup>, 800
1482. **Vican Paul, 71 ans, ex-cafetier,** 300

## SAINT-BAUZILLE-DE-PUTOIS

*1 Victime  —  200 francs*

1902. Challier Auguste, 72 ans,                    200

## SAINT-CHINIAN

*50 Victimes  —  22,433 francs*

  15. Andral Pierre, 64 ans, fileur,        800
1869. Babeau Pierre, 49 ans, cultivat.,      100
1243. Baissière Marie, V<sup>ve</sup> Planès, 54 ans,600
  58. Barthélemy Jean, 60 ans, maçon, 1200
1494. Barthès Joachim, 68 ans, cultiv.,     300
1495. Barthès Joseph, 63 ans, épicier,      200
1623. Bascoul Etienne, 64 ans, cultivat., 100
  64. Bascoul Jean, dit *le Beudat*, 63 ans,
          cultivateur,                          800
1904. Berlan Elisabeth, V<sup>ve</sup> Cougnenc,
          49 ans,                               100
1885. Bonnet Joseph, dit *Torne*, 59 ans,
          cultivateur,                          100
2035. Bourdel Marie, femme Cros, 33 ans,100
1370. Bru Charles, dit *Brunel*, 53 ans,
          ex-contre-maître apprêteur de
          draps,                               100
1637. Calvairac Adèle, V<sup>ve</sup> Vayssière,
          68 ans, cultivatrice,                 200
 164. Carcanade Etienne, 72 ans, cultiv.,900
 168. Carrière Marie, V<sup>ve</sup> Carrière, 62
          ans, pailleuse de chaises,      1200
1522. Cauquil Louis, 55 ans, cordonni<sup>er</sup>, 300
1585. Caves Marie, V<sup>ve</sup> Revel, 54 ans,    300
1116. Chavardès Marceline, femme Au-
          bouy, 48 ans,                         300

1117. Chavardès Marie, femme Aubouy,
46 ans,      300
1670. Clavel Etienne, 60 ans, cultivat.,    200
1671. Clavel Jules, dit *Gilet*, 72 ans, cult.,100
944. Cordier Joséphine, V<sup>ve</sup> Salvagnac,
57 ans,      600
1906. Cougnenc Marie, V<sup>ve</sup> Cros, 63 ans, 100
222. Cros Joseph, dit *Barbès*, 55 ans,
portefaix,      1000
1907. Cros Joseph, dit *Menille*, 57 ans,
cultivateur,      100
955. Cros Rose, V<sup>ve</sup> Tarbouriech, 59 ans,500
1683. Decor Marc, 66 ans, cultivateur, à
Babeau,      200
1401. Duchène Isidore, 71 ans, D<sup>r</sup>-Médec.,100
1690. Dumas Gabriel, 65 ans, fileur,    100
2025. Dumas Marie, V<sup>ve</sup> Bolaric, 47 ans,   200
1493. Dumas Marie, V<sup>ve</sup> Lignon, 62 ans, 100
952. Fabre Anne, V<sup>ve</sup> Sicard, 60 ans,    700
271. Fabre Etienne, dit *Caminals*, 50
ans, tisserand,      900
310. Gau Pierre, 57 ans, cultivateur,   900
334. Granier Jean, 63 ans, marchand,   900
347. Huc Auguste, dit *Branco*, 52 ans,
cultivateur,      900
1935. Izard Antoine, 70 ans, cultivateur, 100
1748. Maccou Honoré, 52 ans, tisserand,200
418. Martel Jacques, 63 ans, fileur,    900
889. Martin Marie, V<sup>ve</sup> Maccou, 58 ans, 600
1212. Maurel Joseph,      233
1332. Pagès Marie, V<sup>ve</sup> Bonneville, prop<sup>r</sup>.,100
497. Pélissier Pierre, 65 ans, tourneur, 1000
884. Petit Elisabeth, V<sup>ve</sup> Laurent, 75 ans, 600
1965. Peyre Jean, 50 ans, cloutier,    100
737. Poux Joseph, dit *Robert*, 45 ans,   1000
1882. Poux Marie, V<sup>ve</sup> Salles, 69 ans,   200

515. Pradal Joseph, 54 ans, mineur, 900
1963. Tailhan Rose, V<sup>ve</sup> Pascal, 70 ans, 100
657. Viste André, dit *Le Bano*, 59 ans,
    tondeur, 800

## SAINT-GENIÈS-DE-VARENSAL

*1 Victime — 300 francs*

1889. Bourrel Camille, 63 ans, cafetier, 300

## SAINT-GENIÈS

*2 Victimes — 450 francs*

1532. Dalard Jean, 66 ans, cultivateur, 200
981. Alibert Charles, 61 ans, instituteur, 250

## SAINT-GENIÈS-LE-BAS

*3 Victimes — 2,300 francs*

108. Boussac Bernard, 57 ans, cultivat., 1000
241. Desfours Jean, 67 ans, propriét., 900
1590. Salasc Victor, 56 ans, cultivateur, 400

## SAINT-GERVAIS

*8 Victimes — 2,300 francs*

1496. Basile Pons-Célestin, 77 ans, 200
1271. Combès Françoise, V<sup>ve</sup> Roussy,
    dit *Terral*, 70 ans, 600
1674. Combès François, 50 ans, perruq., 200
824. Coulon Marie, V<sup>ve</sup> Crassous, 52 ans, 600

2060. Granier Emilien, 55 ans, cerclier,    100
1676. Mas Rose, V^ve Combes, 62 ans,      200
1834. Roque Marie, V^ve Soulié, 50 ans,    200
1858. Viguier Jean, 51 ans, menuisier,     200

## SAINT-JEAN-DE-LA-BLAQUIÈRE

*4 Victimes   —   3,000 francs*

699. Bénézech Firmin, 67 ans, cultivat., 800
703. Bousquet Napoléon, 74 ans, cor-
     donnier,                      800
971. Nozerand Esther, V^ve Verrier, 48 ans, 600
631. Tourel Basile, 72 ans, propriétaire, 800

## SAINT-JEAN-DE-VÉDAS

*3 Victimes   —   700 francs*

2030. Donnat Pierre, 55 ans, maire,      200
1595. Teissier Aubert, propriétaire,      400
2033. Teissier Pierre, 57 ans, agriculteur, 100

## SAINT-JUST

*2 Victimes   —   200 francs*

2056. Castan Antoine, cultivateur,      100
1964. Peyre Guillaume, 67 ans, cultiv.,   100

## SAINT-MARTIN-DE-L'ARÇON

*5 Victimes   —   800 francs*

695. Baille Achille, 64 ans, propriét.,   100

1899. Cavaillié Pierre, 76 ans, tisserand,100
1541. Gascencq François, 62 ans, cultiv.,300
1542. Gassencq Hippolyte, 54 ans, cúlt., 200
1970. Roger Bernard, 63 ans, cultivat.,   100

## SAINT-MARTIN D'ORB

*1 Victime — 800 francs*

1207. Lauze Hilaire, 58 ans, tisserand,   800

## SAINT-PARGOIRE

*1 Victime — 333 francs*

1010. Grasset Célestin, 46 ans, institut$^r$, 333

## SAINT-PONS

*19 Victimes — 7,600 francs*

 129. Boudet Antoine, 52 ans, ferblanti$^{er}$,800
1510. Boyer Jean, 54 ans, commissaire
        de police,                           200
1300. Fabre Marie-Julie, V$^{ve}$ Verdier,   680
1323. Francès François, 59 ans, fileur,   100
1414. Gary Joseph, 58 ans, charron,      600·
 863. Gayraud Marie, V$^{ve}$ Guippert,61 ans,600
 340. Guilhaumon Etienne, 65 ans,
        menuisier,                           900
1604. Guiraud Alexis, 76 ans,                100
1423. Guiraud Louis, 55 ans, foulonni$^{er}$, 200
1597. Huc Etienne-Marie, V$^{ve}$ Valenty,
        51 ans, épicière,                    200
 837. Ouillou Jeanne, V$^{ve}$ Esquine,51 ans, 600

736. Petit Pierre, dit *Charlet*, 56 ans,
          marchand de bois,                    300
500. Peyras Jean, 61 ans, propriétaire, 600
1971. Rouanet Pascal, dit *Bouvier,* 56
          ans, filateur,                       100
750. Sigé Jean , dit *Louis* , 55 ans ,
          limonadier,                          300
1836. Tarbouriech Justin,                     100
2049.  Toulze Noë, 54 ans,                    100
1305. Vernis Martin, 45 ans, huissier,        600
647. Vidal Jean, 61 ans, sabotier,            600

## SAINT-THIBÉRY

*51 Victimes  —  28,817 francs*

1024. Albe Jules-Benjamin, 37 ans,           300
1023. Albe Marie-Elisabeth, 42 ans,          300
975. Barbazan  Adélaïde ,  V$^{re}$ Vidal ,
          76 ans,                              600
70. Bélaman Célestin, 57 ans, cultiv.,    900
73. Bélaman Jacques, 68 ans, cultiv.,     800
1049. Bérard Joseph, 38 ans, cultivateur,200
1050. Bérard  Laurence,  femme  Ribes,
          32 ans, épicière,                    200
1048. Bérard Pierre, 41 ans, cultivateur, 200
1054. Biau Marie-Louise, ép. Vidal, 33
          ans, cafetière,                      600
107. Bousquet Louis, 51 ans, cultivat.,  1000
186. Challiès Etienne, 59 ans, cultivat., 900
187. Challiès Jacques, 59 ans, cultivat., 900
991. Cros Claire-Sylvain, 38 ans, propr., 333
992. Cros Félix, 43 ans, voyageur de
          commerce,                            333
990. Cros Marie, ép. Hugol, 48 ans,       334

720. Cuq Marie, V<sup>ve</sup> Jougla, 63 ans, 1000
732. Durand Marguerite, V<sup>ve</sup> Montaulon, 78 ans, 900
1695. Escourbiat Joseph, 200
1696. Escourbiat Pierre, 100
758. Espérou Anne, V<sup>ve</sup> Almairac, 76 ans, 600
264. Espérou Christol, 64 ans, cultivat., 900
265. Espérou Frédéric, 64 ans, garde-.
champêtre, 800
301. Fulcrand Ferdinand, 56 ans, cultiv., 900
303. Fulcrand Jean, 62 ans, cultivateur, 900
715. Fulcrand Marie, V<sup>ve</sup> Garrigues,
64 ans, 600
308. Garenc Etienne, cultivateur, 900
789. Hugol Marie, V<sup>ve</sup> Bousquet, cultivatrice, 800
1738. Jougla Antoine, 60 ans, cultivateur, 200
362. Julien Emile, 56 ans, cultivateur, 900
1203. Julien Jean, 57 ans, cultivateur, 300
1204. Julien Joseph, 45 ans, cultivateur, 300
725. Maraval Barthélemy, 57 ans, menuisier, 800
870. Maraval Désirée, V<sup>ve</sup> Jougla. 61 ans, 600
1014. Montaulon Catherine, ép. Ribas,
39 ans, cultivatrice, 1000
507. Pistre Jean-Pierre, 71 ans, maréchal-ferrant, 800
1662. Rech Jacques, 36 ans, cultivateur, 350
1793. Rech Jacques-Antoine, 62 ans, cult., 200
1261. Rech Paul, 37 ans, cultivateur, 350
531. Réveille Antoine, 61 ans, cultivat., 1000
534. Réveille Pierre, 60 ans, cultivat., 1000
1795. Ribes André, 77 ans, agriculteur, 200
1796. Ribes Jean, 65 ans, cultivateur, 100
1015. Ribes Jean-Pierre, 64 ans, cultiv., 334
1017. Ribes Pierre-Marc, 46 ans, propriét., 333

1344. Soulagnes Irénée-Prosper, 33 ans. 500
829. Théron Laurence, V<sup>ve</sup> Décor, 55 ans, 600
637. Vassas Pierre, 46 ans, limonadier, 150
1306. Vidal Marie-Anne, 49 ans,      300
1309. Vidal Marie-Gabrielle, V<sup>ve</sup> Jougla,
       47 ans,             600
651. Vidal Pierre, 59 ans, cultivateur, 800
891. Villemagne Marie, V<sup>ve</sup> Maraval,
       76 ans,             600

## SATURARGUES

*1 Victime — 100 francs*

1916. Estival Pierre, 57 ans, garde-
       champètre,             100

## SAUVIAN

*8 Victimes — 6,200 francs*

130. Boudou Louis, 61 ans, cultivateur, 900
150. Camaré André, 73 ans, cultivat., 900
151. Camaré Joseph, 67 ans, propriét., 900
177. Cauquil François, 63 ans, propr., 900
348. Iché Jean, 56 ans, propriétaire, 800
766. Iché Marie, V<sup>ve</sup> Bargues, 57 ans,
       journalière,             600
814. Raynaud Marie, V<sup>ve</sup> Clarenq, 76 ans, 600
1311. Virbal Marguerite, femme Séguier,
       34 ans,             600

## SÉRIGNAN

*2 Victimes — 1,600 francs*

690. Bouffard Marie, V<sup>ve</sup> Allingri,          800
277. Fabre Prosper, 57 ans, cultivateur,800

## SERVIAN

*33 Victimes — 17,500 francs*

1605. Aiguesvives Justin, 49 ans, cultiv.,100
1868. Azéma Antoine, 67 ans,              100
  87. Blanc Pierre, 73 ans, cultivateur, 1000
1073. Bournhonnet Auguste,               800
1721. Boyer Louise, V<sup>ve</sup> Gourp, 57 ans,  100
 845. Chauvard Françoise, V<sup>ve</sup> Ganidel,
        40 ans,                          600
 196. Combal Jean, 70 ans, cultivateur,  800
1863. Couronne Anne, V<sup>ve</sup> Aiguesvives,
        66 ans,                          100
2305. Delor Clément, dit *Cadet*, 42 ans,
        cultivateur,                     800
 136. Delor Eléonore, V<sup>ve</sup> Bournhonnet,1200
 673. Delor Eveline, 42 ans,             500
 672. Delor Marie, 44 ans,               500
 274. Fabre Louis, 61 ans, cultivateur,  900
1702. Falgas Jean, 51 ans, cultivateur,  100
 278. Falgas Pierre, 62 ans, cultivateur, 800
 285. Fichon Jean, 72 ans, cultivateur,  800
1164. Fouissac Cyprien, 60 ans,          500
 291. Fouissac Pierre, 66 ans, cultivat., 800
 327. Gourou Etienne, 64 ans, propriét., 800
2059. Gourou Etienne, ép., Devilla, 55
        ans, négociant,                  100
 328. Gourou Louis, 66 ans, cultivat.,   900

1724. Grès Etienne, 50 ans, cultivateur, 100
1725. Grès Jacques, 55 ans, cultivateur, 200
 405. Louviès Jean, 56 ans, cultivateur, 800
 408. Maffre Jean, 52 ans, cultivateur, 900
1438. Maffre Pierre, dit *Caminade*, 100
1484. Mounié Marie, V$^{ve}$ Thibayrenq,
      62 ans, 100
2032. Plauzolles Etienne, 67 ans, taillandr,100
 542. Rigaud Raymond, 76 ans, cultivat., 900
 572. Roux Paul, 51 ans, cultivateur, 800
 960. Vergnes Alexandrine, V$^{ve}$ Tindel,
      57 ans, cultivatrice, 500
 752. Vialla Félix, 64 ans, cultivateur, 600
1991. Vidal Jean, 61 ans, cultivateur, 100

## SIRAN

*1 Victime — 100 francs*

1843. Tort Laurent, 61 ans, revendeur
      de jardinage, 100

## SOUBES

*1 Victime — 1,000 francs*

 55. Barthe François, 70 ans, fileur, 1000

## SUSSARGUES

*1 Victime — 800 francs*

 391. Léonard Joseph, 63 ans, cafetier, 800

## · TAUSSAC-&-DOUCH

*1 Victime — 100 francs*

1884. Bonnefy Firmin, propriétaire et
maire,    100

## THÉZAN

*1 Victime -- 300 francs*

1483. Vinais Jean-Pierre, 59 ans, maréchal-ferrant,    300

## TRESSAN

*1 Victime — 600 francs*

943. Chauvet Adrienne, V$^{ve}$ Salles, 50
ans, ménagère,    600

## LA VACQUERIE

*1 Victime — 100 francs*

1594. Tédenat François, 69 ans, docteur
en médecine,    100

## VALROS

*1 Victime — 800 francs*

730. Martin Pierre, dit *Bouzine*, maréch.,800

# VENDARGUES

*2 Victimes — 800 francs*

1350. Aussargues Antoine, 55 ans, agric., 200
1313. Aussargues Paul, 60 ans, cafetier, 600

# VENDRES

*17 Victimes — 9,684 francs*

813. Arnaud Hélène, V$^{ve}$ Chavernac,
    57 ans,              600
1083. Cabanes Jacques, 68 ans, propriét., 600
120. Cabanes Jean, 68 ans, cultivateur, 800
176. Caumettes François, 65 ans, garde-
    pêche,            1200
214. Coutelou François, 53 ans, cultiv., 800
216. Coutelou Pierre, 58 ans, cultivat., 800
213. Coursial Gabriel, 56 ans, cultivat., 800
223. Cros Louis, 70 ans, cultivateur,   800
1162. Fontanier Pierre, 46 ans, propriét., 250
791. Jouillan Florence, V$^{ve}$ Brès, 57 ans,
    cultivatrice,         600
1220. Mège Marie-Claire, femme Simon, 200
1235. Pagès Auguste, 34 ans, cultivateur, 167
1457. Pagès Rose-Marie, 23 ans,     300
1234. Pagès Simon, 37 ans, cultivateur, 167
503. Pinoy Joseph, 66 ans, cultivateur, 900
894. Rey Marguerite, dite *Joséphine*,
    V$^{ve}$ Mathieu, 62 ans, cultivatrice, 600
1853. Vignard Pierre, 60 ans, cultivat.,  100

## VIAS

*12 Victimes — 7,133 francs*

893. Assens Marguerite, Vve Massoutier,
     48 ans, journalière, 600
 83. Birenque Joseph, 54 ans, cultiv., 1100
1627. Castan Marie, Vve Bénezech, 80 ans, 200
1669. Charles Joseph, 56 ans, cultivateur, 200
227. Crouzet Jacques, 78 ans, propriét., 800
302. Fulcrand Gratien, 64 ans, propriét., 800
411. Malafosse Joseph, 65 ans, cultivat., 900
1213. Maurel Virginie, femme Cabardès, 233
445. Michou Pascal, 57 ans, cultivat., 1000
1448. Montel Henri, 64 ans, cordonnier, 600
786. Ostric Marie, Vve Bouisset, 52 ans,
     journalière, 600
1800. Rieux Raymond, 51 ans, cultivat., 100

## VILLENEUVE-LÈS-BÉZIERS

*12 Victimes — 6,500 francs*

760. Anduze Marie, femme Nicolas,
     52 ans, 600
1651. Brousse Jean, 52 ans, cultivateur, 100
145. Calas Jean, 50 ans, cultivateur, 900
152. Camaret Pierre, cultivateur, - 900
1680. Couturier Pierre, dit *Garel*, 50 ans,
     cultivateur, 200
2064. Dieudé Pierre-Henri, 24 ans, 300
2065. Dieudé Mélanie-Désirée, 23 ans, 300
1153. Durand Emilien, 600
1699. Fabre Etienne, dit *Taquata*, 50
     ans, cultivateur, 100
484. Papary Antoine, 53 ans, buraliste, 900

537. Rey Jean, dit *Reynou*, 51 ans, journalier,     800
748. Roudier Etienne, dit *Souris*, 51 ans, journalier,     800

## VILLENEUVE-LÈS-MAGUELONNE

*2 Victimes — 1,200 francs*

883. Isolphe Marie, V$^{ve}$ Laurent, 60 ans, 600
966. Tronc Françoise, V$^{ve}$ Vassas, 68 ans,     600

## VILLESPASSANS

*2 victimes — 1,500 francs*

352. Izard Pierre, 68 ans, cultivateur,    900
783. Pago Anne, V$^{ve}$ Gouzet-Bosc, 58 ans, 600

## VILLEVEYRAC

*6 Victimes — 1,700 francs*

2054. Cambon Michel, 59 ans, cultivat.,    100
1737. Grollier Marie, V$^{ve}$ Jeantet, 74 ans, 200
 358. Jeantet Daniel, 61 ans, cultivateur, 800
1788. Millot Victorine, V$^{ve}$ Prur, 47 ans,    100
1797. Ricard Jean, 53 ans, cultivateur,    200
1281. Santy Marie, ép. Sigala, 51 ans,     300

# LISTE ALPHABÉTIQUE

des Pensionnés domiciliés hors du Département

de l'Hérault

---

## FRANCE

### ALPES-MARITIMES

#### Nice

784. Cavaillé Marie, V^{ve} Bodoma, 62 ans, 800
1345. Ventajou Eudoxie-Clara, 37 ans,    250
1346. Ventajou Joseph, 33 ans, conduc-
      teur des ponts-et-chaussées,    250

### ARIÈGE

#### Foix

1818. Rousse Valentin, docteur en mé-
      decine,    100

#### Mirepoix

1668. Chabaud Charles, docteur en mé-
      decine,    200

### AUDE

#### Bages

2021. Phalippon Pierre, 54 ans, entre-
      preneur,    200

## Carcassonne

761. Bassier Marguerite, V<sup>ve</sup> Arnaud, domestique,    700
1878. Bastié Jean,    200
1712. Galibert Alexandre, 50 ans, commissionnaire en vins,    100
836. Esparcel Bruno, 38 ans, professeur au Lycée,    400
390. Lebraud Pierre, 58 ans, maçon,    1000
1227. Miquel Marie-Virginie, 36 ans,    150
561. Rouanet Jean-Pierre, dit *Guitard*, 57 ans, appariteur,    900
1816. Roumengous Paul, 67 ans, marbrier,    100

## Coursan

1090. Calas Gabriel, 62 ans, jardinier,    100

## Fleury

1011. Grasset Victor, 43 ans, confiseur,    333
438. Meynadier Pierre, dit *Bijou*, propriétaire,    800
1288. Sire Louis, 32 ans, menuisier,    234
1290. Sire Marie, 23 ans, ménagère,    250

## Moussan

1347. Albouy François, 47 ans, garde-champêtre,    200

## Moux

1915. Escande Marcel, 50 ans, maréchal-ferrant,    100

## Narbonne

1032. Armand Claude-Etienne, 50 ans,    300
1665. Caucanas Joseph, 46 ans, horloger,    100

822. Gondard Rosalie, V<sup>ve</sup> Coural, 51 ans, 600
1955. Mir Pierre, 75 ans, charpentier, 100
574. Sabatier Roch, 50 ans, cultivateur, 800
882. Thouzelier Geneviève, V<sup>ve</sup> Laurens,
 60 ans, 600

### Rieux-Minervois

101. Borios Maurice, 56 ans, serrurier, 900

### Sainte-Valière

127. Caffort Casimir, 53 ans, cordonnier, 800

### Sallèles-d'Aude

907. Garach Mélanie, V<sup>ve</sup> Milhé, 72 ans, 600

### Salles

1289. Sire Louise, 31 ans, ménagère, 233

### Tholomiès

974. Vidal Jules, 65 ans, propriétaire, 800

## AVEYRON

### Belmont

25. Astruc Emmanuel, 71 ans, 1200

### Camarès

886. Belugou Irma, V<sup>ve</sup> Laissac, 49 ans,
 repasseuse, 600

### La Treille

110. Bouyssac Frédéric, dit *Fircon*,
 66 ans, ouvrier frappeur, 1000

## Millau

1577. Portal Georges, 70 ans, fileur
   de laines, 300

### Saint-Affrique

294. Fournès Louis, 61 ans, contre-
   maître, 900

### Villefranche-de-Rouergue

1230. Montagne Jean, dit *Phédoris*,
   54 ans, propriétaire, .500

## BOUCHES-DU-RHONE

### Marseille

712. Flèche Jean, 60 ans, mécanicien, 800
379. Lauras Pierre, 49 ans, cultivateur, 800
917. Pintard Joseph, 18 ans, 150
914. Pintard Pierre, peintre, 41 ans, 150
916. Pintard Madeleine-Emma, 19 ans, 150
915. Pintard Simon, 38 ans, peintre, 150
545. Robert Jean, 55 ans, écuyer, 800
592. Savy Charles, 58 ans, avoué, 900
1845. Tremièges Jean, 62 ans, employé à
   la Mairie, 100
1992. Vidal-Naquet, 46 ans, avoué, 100

### Saint-Trône

1349. Aries Guillaume, dit *Macary*,
   54 ans, employé au canal, 400

## CHARENTE - INFÉRIEURE

### Brizambourg

1364. Boissieux Amédée, 37 ans, docteur
   en médecine, 400

# DORDOGNE

### Périgueux

1463. Roques David, 60 ans, peintre,         200

### DROME

### Saint - Vallier

711. Claizergues Louis, 73 ans,             800

### GARD

### A l a i s

446. Migairon Cyprien, 58 ans,            800

### Codognan

1063. Bonnel Joseph, 64 ans, maréchal-
    ferrant,                                500

### Mus

1469. Saltet Louis, 53 ans, courtier,       300

### Nîmes

1316. Cauvy Jean, 50 ans, médecin,         300
1133. Déjean César, 46 ans, tailleur,       166
 833. Delichère Rose, Vᵛᵉ Eucher, 54 ans, 600
 675. Faure Auguste, 55 ans, comptable, 800
 410. Majoureau Jean, 73 ans,             900

### Saint-Hippolyte-du-Fort

2026. Brun Joseph, 59 ans, fileur,          100

### Saint-Maurice-de-Cazevielle

1566. Mas Joseph, 46 ans, cordonnier,     100

## Vergèze

1901. Cavallier Pierre, 67 ans, pharmac.,200

## HAUTE-GARONNE

### Toulouse

1058. Blanc Etienne-Hippolyte, 200

## GERS

### Meilhan

1766. Nazaire Nicolas, 63 ans, cultivat., 100
1765. Nicolas Louis, 57 ans, cultivateur, 100

## GIRONDE

### Bordeaux

1055. Bézard Joseph, 63 ans, commis, 400
1193. Jalabert Firmin, 48 ans, capitaine
    au long cours, 800
2006. Lachartre Marie, V$^{ve}$ Rosier, 62 ans,800
1237. Perréal Ernest, percepteur, 100
1600. Villard Auguste, 73 ans, cafetier, 200

### Saint-Vivien-du-Médoo

1060. Bonnariq Philomène, 37 ans, 200

## ISÈRE

### La Tour-du-Pin

91. Bonal Pierre, 73 ans, bijoutier, 1100

### Vienne

526. Rabaud Jean, 62 ans, tisserand, 800

## LOIRE-INFÉRIEURE

### Nantes

407. Lutrand Léon, 56 ans, 900
1310. Villaret Henri, 58 ans, 400

### MAINE-&-LOIRE

### Angers

1472. Serin François, ex-cafetier, 300

### Segré

997. Fargues Marcel, 63 ans, menuisier, 334

### MARNE

### Châlons-sur-Marne

1134. Delmas Florentin, 60 ans, propr., 600

### PYRÉNÉES-ORIENTALES

### Perpignan

669. Cavaillier Joseph, 51 ans, tonnelier, 800
1183. Gleizes Emilien, 50 ans, 300
1184. Gleizes Louis, 48 ans, 300

### Tantavel

1430. Vic Eléonore, V$^{ve}$ Lignières, 54 ans, 300

### HAUTE-SAONE

### Champlitte

793. Camus Reine, V$^{ve}$ Brun, 55 ans, 600

## SEINE

### Choisy-le-Roi

1847. Valette Louis, dit *Lison*, professeur de musique et de dessin,  100

### Levallois-Perret

455. Miquel Justin, 52 ans, tonnelier,  1100

### Paris

2023. Balard Jean, 46 ans,  300
1044. Bastide Antoine, 32 ans, sellier,  200
1043. Bastide Marie, 39 ans,  200
1046. Beaulac Mathieu, 76 ans, conducteur des ponts-et-chaussées,  1000
3009. Boudènes Marie, V<sup>ve</sup> Bedos, 60 ans, 700
1903. Claparède Jean, 63 ans,  100
1122. Clauson Charles, 49 ans,  167
2004. Coste Henri, 63 ans, ébéniste,  900
2000. Crouzat Jean-Baptiste, 60 ans,  400
1689. Devilla Jacques, 48 ans, ex-commissionnaire,  100
2058. Do Marie, 47 ans, domestique,  100
1154. Fabre Esprit,  400
1003. Fulcrand Marie, femme Verdeil, 44 ans,  400
865. Guiraud Jean, 32 ans, menuisier,  600
389. Lavergne Eugène, 58 ans, coupeur en chaussures  1000
1747. Locamus Paul, 35 ans, ex-officier de marine, journaliste,  100
468. Nazon Louis, 70 ans, cordonnier,  800
735. Pascal Laurent, 54 ans, professeur, 800
629. Tindel Eugène, 73 ans, homme de peine,  800

1304. Vernhes Emile, 62 ans, député
     de l'Hérault,             600
1851. Vidal-Naquet Aaron-Jules, 51 ans,
     banquier,              200

## SEINE-&-OISE

### Montmorency

1561. Leprince Dominique, 62 ans, pu-
     bliciste,              800

## SEINE-INFÉRIEURE

### Argueil

1369. Boyer Joseph-Jules, 47 ans, rece-
     veur de l'enregistrement,    200

### Le Havre

1341. Coste Françoise, V$^{ve}$ Salasc, 55
     ans, cuisinière,         600

## TARN

### La Bastide-Rouairoux

1610. Aussilloux Joseph, 65 ans, fou-
     lonnier,              100
1456. Oustry Louis, 57 ans, apprêteur
     de draps,            200·
1084. Cabrol Joseph, dit *Barbaud*, 65
     ans, ourdisseur,         400

### Mazamet

 967. Vené Mathieu, charron,     400

### Montels

1642. Bourdel Jean, 65 ans, tondeur
de draps, 200

### Vabre

1315. Bonifas Philippe, 65 ans, charcut., 300

## VAR

### Toulon

273. Fabre Jean, dit *Gazellou*, 66 ans,
ex-instituteur, 1200

## VAUCLUSE

### Courthezon

361. Julian Albert, 81 ans, 1100

### Le Pontet

668. Bouchet-Domenq Pierre, 71 ans,
propriétaire, 1000

*Total des départements : 119 victimes,
55,567 francs*

# ALGÉRIE

## PROVINCE D'ALGER

### L'Agha

185. Chavernac Charles, 58 ans, fileur, 1000
1119. Chavernac Alexandre, 54 ans,     150
1292. Todome Louis, 28 ans,     250
1291. Todome Marie, femme Guillemot,
    32 ans,     250
1302. Vergelly Pierre-Paul, 42 ans,     400

### Alger

774. Beaumadier Marthe - Félicie ,
    femme Ricard, 46 ans,     100
375. Laparenterie Adrien , 63 ans ,
    plâtrier,     1100
491. Paulinier Romulus, 59 ans, plâtr$^r$,1100
540. Ricard Paul, 56 ans, forgeron,     1000

### L'Alma

2003. Daurel Edwig, 55 ans,     1000

### L'Arba

24. Astruc André, 55 ans, forgeron,     800

### Aumale

527. Raunier Jean, garçon-brasseur,     1000

### Birkadem

636. Vaquier Jean, 74 ans, berger,     800

### Bou-Medfa

1780. Rossy Marie, V$^{ve}$ Paulhan, 70 ans, 400

### Dellys-ben-d'Choud

439. Menier Charles, 55 ans, jardinier, 1200

### Dra-el-Mizan

2001. Colman Roch, 57 ans, cultivateur,1000

### Duperré

305. Gajac Pierre, 66 ans, colon,       900

### Kouba

625. Thomas Alphonse, 53 ans, domest.,900

### Le Ruisseau, près Kouba

59. Barthès Emile , dit *Mazamet* ,
58 ans, forgeron,       1100

### Malakoff

496. Pélissier Louis, 49 ans, charron, 1200

### Marengo

589. Sarny Pierre, 51 ans, journalier, 1000

### Médéah

226. Crouzat Prosper, 71 ans, médecin, 800

### Meurad

685. Py Pierre, 57 ans, cultivateur,     700

### Mustapha-Inférieur

518. Prouzet Pierre, 61 ans,       800

### Orléansville

922. Ficks Anna, V$^{ve}$ Poujol, 46 ans,
couturière,       600

## PROVINCE DE CONSTANTINE

### Constantine

122. Cabrol Charles , dit *Barbeau* ,
       57 ans, matelassier,                    900
304. Gaillard Guillaume, 78 ans, serrur.,800
382. Laussel Antoine, 55 ans, négociant,900
538. Rey Charles, 63 ans, employé à la
       Mairie,                                 900
580. Salasc Lucien, 57 ans, entrepren., 900

### Duquesne

1278. Salasc Joseph, 44 ans,                   350

### La Calle

1072. Boujol Louis, 60 ans, vétérinaire, 800
 643. Vergely Antoine, 58 ans, plâtrier,  800
1301. Vergelly Marguerite, 53 ans,        400

### Chenchela

386. Lautier Antoine, 52 ans, cultivat., 1000

### Mondovi

983. Amiel Rose-Pascale, 61 ans,          400

### Philippeville

710. Cazelles Pierre, receveur des
      postes et télégraphes,               800
251. Dumontheil Henri – Guillaume ,
      57 ans, perruquier,                 1000
417. Marquet Guillaume, 69 ans, maçon,1000
466. Moreau Jean, 54 ans,                  900
1233. Pagès Pierre,                        267

### Rouffach

1279. Salasc Angélique, femme Didot,
    42 ans, maçon,              350

### Souk-Ahrras

39. Baccou François , dit *Rascols*,
    53 ans, cuisinier,        1200

## PROVINCE D'ORAN

### Bourguirat

1294. Trousseillier Jeanne, ép. Senot,
    40 ans,               600

### Lamoricière

873. Tarbouriech Marie, V$^{ve}$ Labadié,
    66 ans,               600

### Misserghin

360. Julia Louis, 51 ans, propriétaire,  900

### Relizane

333. Granier Edouard, 65 ans, fabri-
    cant de draps,        1000

---

*Total pour l'Algérie : 47 Victimes*
*36,317 francs*

# LISTE ALPHABÉTIQUE

DES

## PENSIONNÉS DOMICILIÉS A L'ÉTRANGER

---

### ÉGYPTE

#### Alexandrie

155. Cambon Joseph, 57 ans, serrurier, 1000

### ESPAGNE

#### Barcelone

724. Lopez Louis, 57 ans, cordonnier, - 800

### ÉTATS-UNIS

#### Saint-Louis

69. Baumont Lucien, 516, à Elm-Street, 800

### SUISSE

#### Genève

1581. Redier Alexandre, 64 ans, négociant en vins,     400

---

*Total pour l'Etranger : 4 Victimes*
*3,000 francs*

---

BÉZIERS — IMPRIMERIE PERDRAUT

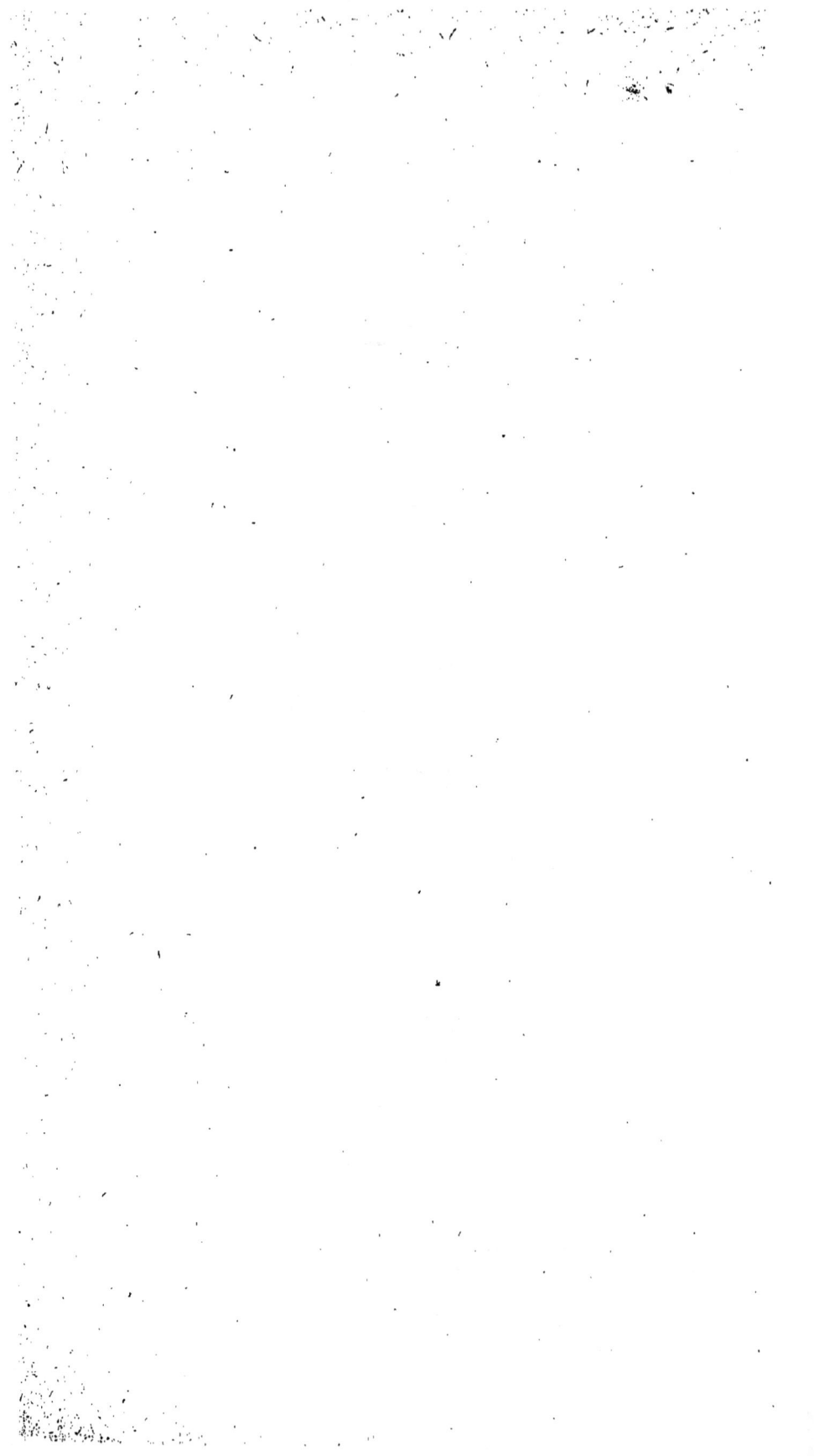

www.ingramcontent.com/pod-product-compliance
Lightning Source LLC
Chambersburg PA
CBHW052039270326
41931CB00012B/2557